・マンションの状況

マンションという居住形態が都市居住の主要な住宅として定着し、そのストックが全国で総数約562万戸（平成21年末時点）、人口の１割にあたる約1400万人の人々が居住している時代になりました。マンションは本来、高耐久・長寿命の建設が可能なものでしたが、商品化と市場原理の中で欠陥マンション、粗悪マンションがいまだに後を絶ちません。

平成13年に施行された「マンションの管理の適正化の推進に関する法律」は、マンション管理業者の登録や国のマンション管理の適正化に関する指針の作成、自治体のマンション管理組合支援など、マンション管理の社会的システム整備をめざしたもので、一定評価できます。しかし、マンション管理の諸課題を所有者の自己責任とする考え方が強調され、供給時に遡って管理適正化責任を分譲業者に求めない施策は、日常管理に悩み、課題解決の方策を見出せない多くのマンション所有者に展望を与えられず、結果的にマンションストックに対する矛盾につながっています。

また、「マンションの建替えの円滑化等に関する法律」は、建替えに関する必要な法整備という面と、経済原理優先で行われる30年超マンションの建替え市場創出の狙いの両面が見え隠れして、維持修繕への取組みに影響を与えています。

・マンション管理と専門家

近年、マンション居住者に定住志向が増えてきたと報道されています。一方、地球環境・資源問題から、建物の長寿命化をめざす動きも顕著になってきており、区分所有者、住民は長く住み続けられ、資産価値の低下しないマンションを望んでいます。そのためには、適切な改善を伴う維持管理が大切であり、管理組合が主体的に判断できるような専門家のサポートが必要です。

ところが、マンションの修繕市場には、近年多様な業者が参入し、「過剰修繕」「欠陥修繕」「高額修繕」「業者と組合役員の癒着」などさまざまな問題が発生しています。その原因の１つとして、施工業者・材料メーカーから独立し、管理組合が信頼できる専門家の存在があまりにも少なく、身近にいないということがあげられます。

・マンション管理支援の視点と専門家ネットワーク

私たちは、マンション管理をサポートしていくうえで次の点が重要と考えています。

第１に、管理組合・区分所有者・居住者の立場に立ち、管理組合の主体性を育成支援していく視点。第２には、大規模修繕施工者や材料業者等との経済的関係から独立し、公正な判断材料を管理組合に提供すること。第３は、マンションコミュニティの醸成を念頭におき、マンションの特質である管理組合という組織と規約をもつ共同性を、都市生活を充実させる長所として活かす管理運営が大切と考える視点。第４は、マンション管理や維持修繕、居住生活面での多様な改善要求に応えていく視点。

こうした問題意識を共有できる異業種の専門家が、集団として「マンション維持管理支援・専門家ネットワーク」を立ち上げ、年３回の講座・相談会を開き、マンション問題に取り組んできました。当初、弁護士、マンション管理士、建築士・設計技術者でスタートしましたが、回を重ねるごとに、マンション問題研究者、構造設計技術者、電気・通信設備技術者、給排水・機械設備技術者、建築施工管理技術者、再開発専門家、税理士、住宅・マンション政策従事者、その他マンション管理に必要となる専門職の力を結集できるようになり、マンションの諸問題を多面的にとらえて、さまざまな角度からアドバイスできるようになりました。

平成17年３月の第１回から平成23年７月までに19回の講座・相談会を開催してきました。公開相談会という方式が特徴です。相談内容は多岐にわたりますが、どこのマンションでも類似の問題が考えられ、専門家のアドバイスにとどまらず、「このように対応したら組合員・居住者の理解が得られた」

等の経験交流が行われることもあります。この中から、「購入時」「管理運営」「居住者トラブル」「瑕疵・大規模修繕工事」「耐震対策」に分けて、それぞれの「これだけは知っておきたい」70の項目について専門家が答えるという形で、まとめてみました。

これからも「マンション維持管理支援・専門家ネットワーク」として活動を続けてまいりますので、ぜひこれを機に関心をもっていただき、時にはホームページ等を覗いていただきたいと思います。

たくさんの管理組合・区分所有者・居住者が、このブックレットを手元に置いてくださり、快適なマンションライフの一助にしていただけたら幸いです。

出版に際しては、株式会社民事法研究会の軸丸和宏さんにお世話になりました。この場を借りて感謝の意を伝えたいと思います。

平成23年11月

マンション維持管理支援・専門家ネットワーク
執 筆 者 一 同

目 次

第１章　マンションの購入
～買う前に知っておきたいマンションの必須知識～

第2章　マンションの管理・運営
～これだけは知っておきたい日常管理の必須知識～

II　管理会社等をめぐる問題

第4章　マンションン生活とトラブル
～これだけは知っておきたいトラブル解決の必須知識～

……88

Q７　マンションを賃貸する場合の注意点

賃貸借、転貸借のトラブルをあらかじめ防止する方法を教えてください。
……89

Q８　不在区分所有者へ管理組合運営の賦課金を課すことは可能か

私のマンションは、第三者に賃貸して、自身はマンションに居住しない不在区分所有者の割合が高くなっています。管理規約では、理事の資格は区分所有者およびその家族に限られており、居住者の高齢化も相まって、管理組合の役員のなり手が限られ、管理組合の運営に支障が生じています。対策として不在区分所有者に金銭的負担を求めたいのですが、可能でしょうか。
……90

Q９　駐車場をめぐる問題

①マンションの駐車場に、行方のわからなくなった人の自動車が放置されており、対処に困っています。
②マンション分譲時に駐車場の分譲を受けたとする区分所有者が、管理組合に使用料を払わずにマンションの駐車場を使用しており、駐車場を使用できない区分所有者から不公平だという不満が出ています。管理組合としての対応を教えてください。
③マンションの機械式立体駐車場のメンテナンスや修繕に費用がかかり、駐車場使用料も、近隣の駐車場に比べて安くないため利用者が減り続けています。月極めの賃貸駐車場として外部者に貸すことは可能でしょうか。また、立体駐車場を取り壊して、空き地を花壇にするにはどうしたらよいでしょうか。　……92

Q10　リゾートマンション特有の問題

リゾートマンション特有の問題について教えてください。　……94

Q11　住民同士のコミュニティづくり

マンションの住人同士の交流がありません。隣の人のこともお互いによく知らないような状態です。町内会の活動も、管理組合としては参加していません。
マンションの中でも、地域の中でも、住民が孤立して生活している状態を変えたいと思っています。マンションの住民同士が、仲よくなれるコミュニ

凡　例

区分所有法	建物の区分所有等に関する法律
マンション管理適正化法	マンションの管理の適正化の推進に関する法律

第１章　マンションの購入

～買う前に知っておきたいマンションの必須知識～

【基礎講座】

▷マンション購入者がもつ誤ったイメージ

「マンションは鍵１本でセキュリティとプライバシーが守られる」というイメージが先行していないでしょうか。外出しようとすると家中の鍵を閉めて回らなければならない一戸建て住宅に比べて、「楽で安全でスマートな住まい」というイメージです。このため、自分が住むスペースの間取り、駅からの距離、周辺の施設などの住環境や住宅ローンが組めるかどうか、という観点だけでマンションを購入する人が多くなっています。

▷マンション居住者は運命共同体

確かに、居住するスペースである専有部分に関してだけいえば誤りとはいいきれません。しかし実際には、マンションを専有部分だけ購入することはできません。エレベーターや廊下はもちろん、ベランダ、排水管などみんなで使用する共用部分の管理運営が必ず伴います。簡便なイメージで販売されるマンションですが、むしろ「マンションだからこそ」の不便が伴うことを購入者は理解しなければなりません。

たとえば、バイク置き場の線を１本引き直すような単純作業ですら、多数決で決めることになります。このことを想定せずにマンションを購入し、区分所有者になった人の中には、「他の居住者とかかわりたくない」「管理組合の役員を引き受けたくない」という人もいます。そもそもこのような人は、マンション住まいには適さないのに、なぜ居住することになるのでしょうか。

▷販売会社の都合が優先

現在のマンション売買はマンションを販売する事業者の都合が重視され、購入する消費者への必要な教育が欠けています。「楽で安全でスマート」という簡便さを目当てにマンションを購入しようとする消費者に、多数決でしか物事が決められない面倒さを伝えると、売りにくくなるからではないでしょうか。

マンションは、一度購入すればすべての物事が終わるわけではなく、むしろ購入時点がスタートであり、ここから共用部分の管理・運営や居住者同士のコミュニティを築くことが始まるのです。このことをわれわれ消費者は、買った後で知るのではなく事前に知る権利があります。

▷マンション住まいの希望

一方でコミュニティをうまく築ければ、１軒で暮らすより安全・安心でより楽しい面があるのもマンションです。マンションの管理規約を自分たちの都合にあわせて変更したり、共用の自転車を用意したり、フリーマーケットを開いたり、みんなで花火を見ながら暑気払いをしたり、災害のときにも助け合ったり。販売会社からは教えてもらえない以上、購入者にとっての不都合は消費者自らの力で学習する必要があります。不都合も踏まえたうえ、楽しいマンションライフのための一歩として第１章を活用していただきたいと思います。

Ⅰ　マンションを選ぶときのポイント

Q１　マンション広告のチェックポイント

Q マンションのチラシがたくさん入ってきます。華やかなイメージが強調されていますが、チラシでチェックしなければならないことは何でしょうか。

A チラシの下段に小さい文字で表示されている概要欄に大変重要な内容が記載されています。①最寄り駅からの距離、②価格水準、③管理費や修繕積立金、④面積、⑤特別な権利者の存在等は要チェックです。チラシだけではわからないことも多いので、以下の点には特に注意しましょう。車を購入するより高額な買い物です。その点を把握したうえでよく確認しましょう。

解説　①「最寄り駅から徒歩○○分」の距離は不動産公正競争規約の定めにより80ｍを１分として計算しています。敷地が大きいマンションでは建物の入口までさらに数百ｍかかる場合もあり、自分の足で実際に確かめることが不可欠です。

②販売価格を住戸の面積で割ると１㎡あたりの「単価」がわかります。同時期に入った別のマンションチラシで同様の試算をして、そのマンションの立地や売りにしている設備などの要素を比較してみると、その価格水準がわかります。

一番大きな部屋と一番小さな部屋の価格・面積・管理費・修繕積立金の額もこの欄に記載されていますが、管理費と修繕積立金は部屋の面積×一定単価で算出されるため、以下の計算でこの単価がわかります。この単価を希望する間取りの面積に掛け合わせると管理費と修繕積立金額がおおよそ判明します。

管理費の単価＝記載されている管理費の最高額÷一番大きな住戸の面積 修繕積立金の単価＝記載されている修繕積立金の最高額÷一番大きな住戸の面積

なお、修繕積立金は売りやすくするため、販売時はかなり低く設定することがよく見受けられます。この場合では１回目の大規模修繕工事（おおよそ築12年前後で実施する場合が多い）の費用が賄えず、修繕積立基金という一時金を契約時に徴収して不足分を補うことが多くなっています。つまり、２回目の大規模修繕工事では工事費が全く足りなくなる可能性が高くなります。よって、修繕積立金は必ず増額されます。どの程度増額になるかは、「長期修繕計画書」を見ればわかるため、販売担当者に説明してもらうようにしましょう。

③チラシ上の「専有面積」は法務局の登記の面積とは違います。分譲マンションの所有権は、所有権移転登記をすることによって、第三者に対して主張できます。登記記録に記載されるのは専有部分の面積ですが、これは完成したマンションの内法（壁から壁までのさしわたし）寸法で計算します。とこ

〈図１〉　壁心面積と内法面積の違い

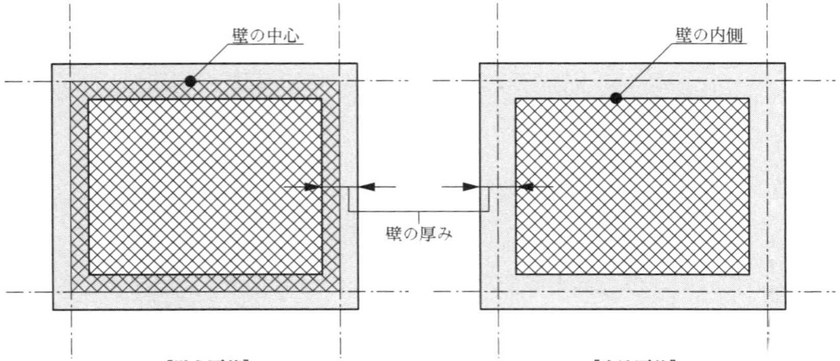

ろが、マンションの広告などの専有面積は、壁芯面積（壁の中心線で囲まれた面積）で計算されています。壁や柱の厚みの部分だけ登記される内法面積より多くなってしまうのです。マンションが完成する前にチラシは作られるので、広告に記載されるのは登記される内法面積がわからないため壁芯面積です。

④マンションが建てられている土地が所有権ではなく定期借地権であったり、駐車場はあるが使用できないと記載されている場合もありますので注意してください。

Q２　モデルルーム見学での留意点

Q 興味のあるマンションのモデルルームを見に行こうと思います。モデルルームを見に行くときに、ぜひチェックすべきことは何でしょうか。

A 壁紙や扉の色などの確認はできます。しかし、モデルルームを鵜呑みにするのは非常に危険です。あくまでも販売側が営業用に用意した施設だからです。

解説 モデルルームは営業用の施設であるために、当然のごとくよく見せるための工夫がなされています。小さめの家具を使って部屋を広く見せたり、最新のデザインの家具を配置してイメージアップを図りがちです。

また、自分が購入するタイプの間取りと同じとは限らず、グレードの高い部屋をモデルルームとして採用することも多いようです。自分の購入予定のタイプと同じかどうかの確認も必要です。

建築中のマンション内ではなく別の場所につくられるモデルルームでは、周辺の環境もわかりませんから、実際の建設予定地にさまざまな曜日のさまざまな時間帯に足を運んでみることも重要です。日当たりや騒音などの住居環境を調べることも必要です。

購入の参考にしたり、購入後入居時にモデルルームとの違いを確認するために、モデルルームの写真や動画を撮影しておくという手段もあります。

〈コラム――マンションができあがってわかった違い〉

Ｑ：パンフレット上では、ベランダが縦格子になっていた。足が悪いので「座ったまま、リビングの窓から外の景色が見られるのが楽しみ」と、販売員に確認し契約した。マンションができあがったら、ベランダはコンクリートで囲まれており、座ったままでは外の景色をリビングから見ることはできなかった。違う階には、縦格子の所もあるので、その部屋に変えてほしい。

Ａ：販売会社の説明義務違反を根拠に部屋の交換を主張し、結果的に認められることもあります。

消費者契約法では、重要な事実をわざと告げない「不利益事実の故意の不告知」は取消事由にあたるとされています。ですが、現実には居住者にとって眺望は貴重なものですが、法的にはすべての眺望権が保護されているとは言い切れません。裁判例では、眺望権の侵害が経済的不利益に結びついたケースに限って眺望権が認められているものが多いようです。

Ｑ３　管理の良し悪しと見極め方

Q　「マンションは管理を買え」という言葉をよく耳にしますが、本当でしょうか。どうやって管理を買うのかを教えてください。

A　「マンションは管理を買え」というのは誤解を招く表現です。有名な管理会社や高額な管理費用を払うことで、管理を管理会社に任せられると勘違いをする人があるからです。実際、マンション管理は「管理会社がする」ものではなく、購入者全員が区分所有者として管理組合を結成し、管理組合の理事が中心となって行い、「管理会社に作業を委託する」のが一般的です。管理は「自分がするもの」です。

解説　マンションを管理するのは管理組合です。管理組合は、マンションの所有者が組合員になってつくります。役員になりたくないから組合員にならないということはできません。

管理組合は管理会社と契約して業務を委託します。清掃業務や会計業務、窓口対応業務、メンテナンス業務など自分たちだけでは対応しきれない業務を、管理会社にお金を払って委託するのです。にもかかわらず、「マンションは管理を買え！」＝「マンション管理をお金で解決する」という考えがありますが、これは誤りで、所有者が協力し合って、主体的に管理を行うものなのです。

なお、よい管理が行われているマンションの例としては、以下のようなことがあげられます。

①　居住者のマナーがよい、または悪い場合の対処がなされている。

②　管理費や修繕積立金が適正に運用されている（チェックもされている）。

③　建物のメンテナンスが適正に行われている（予定も含め）。

④　管理会社を監視できる体制がある。

すべては管理組合でないと行えないことです。自分たちの資産ですので自分たちで管理が適正かどうかを確認し、問題があれば対処していく、そして今後の計画も見定めていく、これがよい管理組合といえます。

よって「面倒だから」「時間がないから」と役員になる方がいなくなれば、よい管理は望むべくもありません。

これらのことから、新築の場合、実績のある「管理を買う」のではなく、「管理をつくっていく」ものです。中古の場合には、上記の①から④ができているかを総会議事録や長期修繕計画などから読み取るのがよいのではないでしょうか。

Ｑ４　新築マンションと中古マンションの違い

Q 初めてマンションを買います。新築マンションと中古マンションのどちらにしようか悩んでいますが、それぞれの長所短所を教えてください。

A 新築マンションのよさは新しい物件に初めて入居できること、最新の設備が備わっていること、長期ローンを組めること、長く住めることです。これに対して、中古マンションのよさは、新築よりは安いこと、リフォームなどである程度自分の好みに改造できることと、住民同士のコミュニティができあがっていることです。

解説 新築マンションのよさは、誰も住んだことのない新しい物件に入居できることで、水回りなどの設備も新しいものが採用されていることです。また、長期間のローンも組めますし、長く住むことができます。一斉に同じ時期に入居するので、近所付き合いが始めやすいメリットもあります。

中古マンションのよさは、「新築よりは安いこと」と「すでに住んでいる人の生活状態や管理のレベルがわかる」ことです。同じ予算なら新築物件よりは広いマンションに住むこともできます。購入後、自分の生活にあわせたリフォームを同時にすることがお勧めです。現状では、クリーニングしてから販売することが多いので、せっかくきれいな部屋をリフォームするのは少し勇気がいりますが、引っ越し前がチャンスです。長く住むための改造は、水回りに手を付けなければ数百万程度で済むことが多いので、ぜひ専門家（建築士）に予算を含めて相談することをお勧めします。

中古マンションでのコミュニティのよさを見分けるには次のような方法が

あります。

<チェックポイント①——修繕積立金>

竣工後10年を過ぎているのに修繕積立金が少ないマンションは要注意です。修繕積立金を必要額に上げられるリーダーの不在、管理会社が引上げを提案してもそれを支えるコミュニティがなかったことがわかります。参考までに、マンション管理新聞の平成22年調査によると、最初の大規模修繕では、規模によりますが、必要費用は１戸あたり100万円前後となっています。

<チェックポイント②——掲示板>

掲示板を見てみて、何も貼っていないのは「×」、行政のお知らせしか貼っていないのは「△」、独自のことが貼ってあれば「○」といった指標で見てみましょう。うれしいお知らせが貼ってあれば「◎」です。コミュニティの強さの順です。

<チェックポイント③——自転車置き場、集合ポスト>

自転車置き場を見れば居住者の年代がわかります。集合ポストに氏名が出されていないマンションも増えていますが、そのような住み方が自分にぴったりくるのか、判断材料の１つにしましょう。

<チェックポイント④——管理員>

管理員に居住者同士のコミュニティをそれとなく聞いてみましょう。長く在籍している管理員であれば管理組合の状況をよく知っています。ただし、管理員は通常であれば管理会社の社員ですので、あくまでも参考にとどめ、100％鵜呑みにはしないことも必要です。

Ｑ５　品質のよいマンションを選ぶ目安

Q マンションの契約は実物ができあがる前に結ばなければならない場合もあるので、品質の良否を自分で判断するのが難しいように思います。品質のよいマンションを選ぶ目安はないのでしょうか。

A 品質のよいマンションを選ぶ目安としては、住宅性能評価制度があります。建築主や購入者が契約前に住宅の性能を相互比較し、安心して契約できるように考えられた制度です。

「住宅の品質確保の促進等に関する法律」（平成12年４月施行。以下、「品確法」といいます）の３条に基づき定められ、正式には「日本住宅性能表示基準」（以下、「性能表示」といいます）といいます。

解説　住宅性能評価制度は国により評価基準等が定められ、新築住宅の項目は以下のとおりです。

① 構造の安定（耐震、耐風、耐雪、地盤または杭、基礎）
② 火災時の安全（警報装置、避難、脱出、耐火）
③ 劣化の軽減（構造体の劣化対策）
④ 維持管理への配慮（各種配管）
⑤ 温熱環境の対策（省エネルギー）
⑥ 空気環境の対策（化学物質、換気）
⑦ 光と視環境への配慮（窓の割合、窓の向き）
⑧ 音環境への配慮（床の遮音、戸境壁の遮音、窓の遮音）
⑨ 高齢者への配慮（バリアフリー）
⑩ 防犯（窓の防犯性）

性能の検査は、第三者機関によって行われ、住宅性能評価書（以下、「評価書」といいます）が交付されます。住宅を建設する場合は、工事の請負人は評価書（写しも可）を請負契約書に添付するか、注文者へ交付しなくてはならず、注文者は評価書に表示された性能の住宅の請負契約を行ったことになります。建売住宅や分譲マンションを購入する場合は、売買契約となり、建設の場合と同様に、販売会社等から契約書への添付または交付を受けることで、評価書に表示された性能の住宅を購入したことになります。上記①から⑩のように、各項目のそれぞれについて、そのグレードを比較し、選択できることがこの制度のポイントです。

性能の良し悪しやその程度については、専門知識が必要で、一般の方には大変わかりづらい内容となっています。「公的な評価だから大丈夫」と鵜呑みにせず、相手方から十分な説明を受け、建築士の助言を受けるなどして、自らが理解することが重要です。

〔表１〕　耐震等級

等級３	極めて稀に（数百年に一度程度）発生する地震による力（建築基準法施行令88条３項に定めるもの）の1.5倍の力に対して倒壊、崩壊等しない程度
等級２	極めて稀に（数百年に一度程度）発生する地震による力（建築基準法施行令88条３項に定めるもの）の1.25倍の力に対して倒壊、崩壊等しない程度
等級１	極めて稀に（数百年に一度程度）発生する地震による力（建築基準法施行令88条３項に定めるもの）に対して倒壊、崩壊等しない程度

Q６　購入時のアドバイザー

Q　マンションの購入契約をする予定ですが、一生で一番高い買い物になりそうです。チラシや販売会社の説明を鵜呑みにしてよいものか悩んでいます。購入する私の立場に立って相談に乗ってくれる人はいないのでしょうか。

A　購入前に必要なマンションの知識としては、①マンション建物について、居住後に問題が発生する要素にはどのようなことがあるのか、

②購入時の手続をどうすればよいのかという２つが必要です。また、マンションの建物に関するアドバイザーとしては、マンション建築（特に改修）に詳しい建築士が適しており、売買契約に関するアドバイザーとしては、マンション売買に詳しい宅地建物取引主任者、弁護士にも適任者がいます。

最近では、この２つのサポートサービスを同時に提供できる団体もあります。

解説　上記①に関するアドバイザーとしては、建物の工事上の問題点（施工精度や仕上がりはもちろん、劣化進行の可能性・耐久性）の有無や、管理組合の運営に予測される注意点を把握することが大切です。将来、そのマンションの大規模修繕工事の設計を依頼することも可能な建築士が適任者です。

最近では、マンションを購入しようとする方に対して、売買契約の内容を確認したり、建築士が部屋の検査や助言を行うといったトータル的なサポートを行う組織が出てきています。

Ｑ７　住宅ローン審査

Q　マンションを購入する予定ですが、自営業者で収入が不安定です。住宅ローンの審査が通るのかが不安ですが、万が一通らなかったら、先に支払うことになる手付金などはどうなるのでしょうか。

A　マンションの売買契約をする際に、「住宅ローン特約」という特約が付いているかを確認しましょう。住宅ローン特約は、住宅ローンの審査が通らなかった場合に、売買契約を白紙撤回できるとするものです。人生最大の買物といわれる住宅の契約ですが、即金で支払う人はほとんどなく、住宅ローンが通ってこそ買えるものであるがゆえの、消費者保護の制度といえます。

気に入ったマンションであれば、事前審査を行ってもらうのも１つの方法です。事前審査で承認が出れば、かなり高い確率で本審査でも承認されます。

解説　住宅ローンの審査には、事前審査、本審査という２つの審査があります。事前審査は、住宅ローンを申請しようとする人が申し出た年収などをもとに、金融機関が融資することができるかどうかを事前に審査するものです。本審査は、実際にマンションの購入契約をして、住宅ローンの申込みをした際に金融機関が行うものです。

事前審査が通っていても、購入者が転職するなどして事前審査で申し出た年収などが変わってしまうと、本審査が通らない場合があります。この場合、売買契約時にローン特約が付いていれば、契約を白紙撤回できますので、契約時に支払った手付金も戻ってくることになります。

Q８　マンション関連の法律

Q　マンションを購入し、暮らしていくうえで知っておくべき、法律にはどのようなものがありますか。

A　マンションも建物（と敷地）の一種であり、不動産について定める法が適用されます。したがって、民法、宅地建物取引業法、都市計画法、建築基準法、消防法、借地借家法等について、基本的な知識が必要になります。

マンションに関連する特有の法律としては、区分所有法、マンション管理適正化法とマンション建替え円滑化法があげられます。さらに、阪神・淡路大震災を機に立法化された被災区分所有建物の再建等に関する特別措置法があります。

解説　マンションに関連する法律は多数あり、複雑に絡み合っているため、消費者がそのすべてを正確に知っておくことは困難です。

しかし、マンションを購入し、暮らしていくためには、最低限の法律上のルールを知っておくに越したことはありません。

たとえば、購入する際には、そのマンションが建築基準法上どのような規制を受け、それをクリアしているのかどうか、宅地建物取引業法に定める重要事項説明がきちんとなされているかどうかを購入者自らチェックすることなどが大切です。暮らしていく中では、日常生活に直結する管理規約の妥当性を判断するにあたって、区分所有法の定めがどのようになっているか、などを勉強することが、居住者全体の生活を向上させ、快適に過ごせることになるでしょう。管理規約を定めるにあたっては、上記法令との整合性にも注意する必要があります。また、専有部分を賃貸する場合には、借地借家法の規制についての知識は、賃貸人として不可欠です。

詳細な法律判断は専門家への相談が必要ですが、自分の住居を守り、無用なトラブルを防ぐためにも、関連する法律の最低限の知識を身に付けることが大切です。

Ｑ９　マンションと保険

Q　マンションを購入する際に、各種保険への加入を勧められますが、すべて加入する必要があるのでしょうか。マンションと保険について、教えてください。

A　マンションは、一戸建ての住宅と異なり、専有部分と共用部分から構成される建物であるため、専有部分はそれぞれの区分所有者が各自の責任において独自に損害保険に加入し、共用部分は管理者が一括して加入することになります。

マンションは、多数の人々が生活を営む場所であることから、漏水、火災、ガス爆発、附属設備の事故など多様な事故が発生し、さらには自然災害による被害を受けることが考えられます。これらの被害に備え、被害が生じたときに円満な解決を図るという観点から、各種の保険に加入する必要性を判断します。

解説　損害保険は、大きく分けて、物に対する保険と賠償責任に対する保険とがあります。物に対する典型的な保険が火災保険であり、賠償責任保険は第三者に損害を与え、法律上賠償責任を負う場合に保険金が支払われるものです。

火災保険に加入する際に、水漏れ損害担保特約やガラス損害担保特約、破損・汚損等担保特約、個人賠償責任特約などの特約を付することができます。

また、通常の火災保険では、地震を原因とする火災による損害や、地震による延焼・拡大した損害は保証されないため、別途地震保険に加入する必要があります。地震保険は火災保険に付帯する方式での特約となるため、火災保険への加入が前提となります。地震保険では、全損、半損、一部損のいずれと判定されるかによって、支払われる保険金が異なってきます。全損の場合は100％、半損の場合は50％、一部損の場合は５％の保険料が支払われます。ただし、建物の被害については、保険の対象となるのは主要構造部分のみである点に注意が必要です。したがって、たとえば、マンションの基礎、柱、梁などは主要構造部分に含まれ、保険の対象となりますが、給・排水管、電気温水器、エレベーターなどは主要構造部分に含まれませんので、保険の対象外となってしまいます。

このように、保険に加入していても保険の対象とならない損害もありますので、これらの点をよく確認し、有用性を考えたうえで、加入すべきかどうかを判断するべきです。

II　マンションを購入するときのポイント

Q10　売買契約の流れ

Q マンションのチラシを見て、購入を検討しています。マンションの購入契約の流れを教えてください。

A マンションを購入する際には、①検討（マンション・資金計画の検討）→②申込み（申込証拠金といっしょに購入申込書を提出）→③重要事項説明（マンション購入にあたっての重要事項の説明）→④契約（署名・捺印し、手付金を支払う）→⑤住宅ローンの申込み→⑥入居説明会→⑦内覧会→⑧決済・引渡し（代金・諸費用を支払い、マンションの鍵を受け取る）→⑨登記（司法書士に依頼し、登記を行う）、という流れになります。

解説 初めて購入するマンションを選ぶ前に、契約の全体の流れを知ることは重要です。それぞれの項目で注意すべきことは以下のとおりになります。

⑴　検討（マンション・資金計画の検討）

新築物件では、特に華やかなイメージが強調されることが多いようです。Q１を参考に、最寄り駅からの距離、価格水準、管理費や修繕積立金、面積、特別な権利者などに注意を払う必要があります。

⑵　申込み（申込証拠金といっしょに購入申込書を提出）

契約の前段階のことで、取りやめる場合、申込証拠金は戻ります。

⑶　重要事項説明（マンション購入にあたっての重要事項の説明）

宅地建物取引業法により宅地建物取引主任者が重要事項を説明しなければなりません。内容をよく把握しているのかを見極める必要があります。Q11を参考にしましょう。重要事項説明を受けた結果、契約を取りやめることもできます。

⑷　**契約**（**署名・捺印し、手付金を支払う**）

前記⑶の説明を受けて納得すれば、契約です。売買契約書等に署名・捺印し手付金を支払うことになります。手付金はその後自己都合で解除する場合は、戻らないので注意しましょう。

⑸　**住宅ローンの申込み**

マンションは高額な買い物ですので、全額を現金で用意できるケースはあまりなく、ほとんどの方が住宅ローンを組むことになります。事前審査→本審査→契約という流れになりますが、事前審査だけで１週間から３週間程度かかりますので、余裕をもって申し込みましょう。

⑹　**入居説明会**

今後のスケジュール（住宅ローンの契約や購入した部屋の登記、引渡しや引っ越しなど）の説明があります。細かいことは各業者の担当者から直接説明が受けられます。

⑺　**内覧会**

建物が完成し、できあがった専有部分を購入者が確認します。一種の検査の意味合いが強いため、出来栄えをよく確認することが必要です。心配な場合は専門家に同行してもらうことをお勧めします（Ｑ６とQ15を参照）。

⑻　**決済・引渡し**（代金・諸費用を支払い、マンションの鍵を受け取る）

住宅ローンの審査が通って融資を受けると、マンションの残代金をすべて支払って、購入した部屋の鍵を受け取ります。

⑼　**登記**（司法書士に依頼し、登記を行う）

法務局の登記記録に権利関係を記録します。所有権や抵当権が記録されますが、司法書士に依頼することが一般的です。

Q11　重要事項説明の留意点

Q マンションの契約前に重要事項の説明を受ける日が決まりました。重要事項がたくさんあって大変そうですが、どのような点に気をつけるべきでしょうか。

A 不動産の売買契約に先立ち、宅地建物取引主任者から物件に対する重要事項説明が行われます。説明をする宅地建物取引主任者がただ書類を棒読みするだけであれば、慣れていない初心者か、対象物件を全く把握していないものと判断して差し支えありません。自ら納得するまで質問しましょう。

解説 不動産会社の中には、重要事項説明から売買契約締結まで一気に進めるところがありますが、買主側は事前に重要事項説明書や関連書類を入手して、事前の確認をしてから実際の説明を受けるべきです。そうすることにより緊張を和らげる効果も生まれます。

説明するのは宅地建物取引主任者ですが、ただ内容を読み上げるだけの人から、購入者が理解しやすい言葉に置き換えながら説明する人までいます。

宅地建物取引主任者自身がそのマンションを自分で調査して状況を把握し、重要事項説明書の作成まで行えばよいのですが、物件そのものを見ることすらしていないケースもあるので、注意が必要です。

また、パンフレットに記載されていないものの販売員が口頭で説明した項目などが重要事項説明書に記載されていない場合、この時点で確認をとっておくことが大切です（６頁のコラム参照)。

重要事項の説明は宅地建物取引主任者が行い、説明させる義務を負うのが宅地建物取引業者ということになります。書面の交付が義務づけられており、書面には宅地建物取引主任者の記名押印も必要です（説明時には宅地建物取引主任者証の提示も必要です)。重要事項説明の書面には、契約内容と権利の性質、契約の履行に関する条項、物件の概要といった項目について記載することになっています。

Q12　手付金の保全

Q 重要事項の説明を受けた後、手付金を払うことになりそうですが、物件も完成していないうちに、まとまったお金を払うのが不安です。払いたくないのですが、どうしても払わなければならないのでしょうか。

A 不動産会社が売主となっている場合には、手付金の支払いが契約内容となっている場合がほとんどですが、その場合には、手付金の保全措置が適用されるかどうか、きちんと説明を受けるようにしましょう。

解説 不動産会社が売主となっているマンション分譲の場合、建物は未完成のまま販売されるケースが多くあります。その場合、契約時に手付金を払うことが契約内容となっていることがほとんどですが、買主にとっては、完成していない物件にお金を払って、本当にイメージどおりのものが手に入るのか、万が一工事中に不動産会社が倒産したりしてしまったらどうなるのかなど、大きな不安が残ります。

手付金の法的性質には複数の種類がありますが、マンション販売において不動産会社が売主となる場合には、解約手付とされます。解約手付とは、買主からは手付を放棄することで、売主からは手付の倍額を返還することで、いつでも解約することができるものとして接受される手付のことです。したがって、いったん契約したマンションの購入をやめたいと思った場合に、手付金を支払っていれば、売主の承諾がなくても解約できるというメリットがあります。

しかし、昨今の不動産不況により、売主の倒産により手付金の保全が不安定になる危険が顕在化するようになり、買主としても未完成物件の購入時に手付金を支払うことにためらいを感じるのは当然です。そのような不測の事態に備え、買主の手付金を保護する制度として、手付金の保全措置があります。手付金の保全措置とは、不動産会社が売主としてマンションを販売した場合において、契約時から物件の引渡しまでの間に万が一、不動産会社が倒産などした場合、支払った手付金が買主に戻ってくるよう保証機関や保険事業者などの第三者が保証する制度です。

しかし、保全措置には下限が設けられており、一定の例外措置（手付金の額が売買代金の10分の１以下の場合は保全措置は不要とされる）が講じられています（宅地建物取引業法41条）。したがって、重要事項説明の際に、手付金の保全措置についてもきちんと説明を受けることが大切です。

Q13　不動産登記の目的

Q マンションの登記をするために、数十万円単位の費用がかかるようです。登記はどうしてしなければならないのでしょうか。

A マンションを購入した際、登記をしなければ、所有権の取得を第三者に対抗できず（民法177条）、また、これを他に転売しあるいは抵当権などの担保の目的に供して融資を得るのが事実上困難になるという問題が生じるため、登記をすることは不可欠です。

解説　不動産登記とは、不動産の状況とその権利関係を一定の公の帳簿に記載・記録すること、またはこのような記載・記録そのものをいいます。

マンションの登記では、購入した専有部分の建物と、その敷地に関する権利がワンセットで記載されることになります。

所有権の移転は、単に当事者の意思表示によってその効力を生じますが（民法176条)、その変動が第三者から見ても容易に認識できるものでなければ取引関係に立つ第三者は安心して取引を行うことができません。

そこで、不動産に関する物権変動を一定の帳簿に記載させることによって権利の取得を第三者に対抗することができるようにするとともに、その権利関係を容易に認識できるようにして取引の安全と円滑に資することにしたのです。

登記の申請については、不動産登記法では何らの強制もしていませんので、当事者が全くの任意で行うことになりますが、もし登記をしていなかった場合は、第三者に対してその権利の取得を主張することができませんので、所有権を失うような事態にもなりかねません。

したがって、登記は、自分の所有権を守るためのものとして、必ず行うべきものです。

Q14　売主や施工会社の信用調査

Q　マンションは大きな買い物なので、絶対に失敗したくありません。最近では大手でも倒産することがあり、不安に感じます。売主や施工会社が信用できるかなどを事前に調査する方法はないでしょうか。

A　工事会社であれば財団法人建設業情報管理センターによる「経営事項審査結果」(通称：経審)が判断材料にできます。販売会社では、「宅地建物取引業者免許」の確認、「宅地建物取引業者名簿」の閲覧、帝国データバンクの企業データなどが参考になります。建物の出来は同じ販売会社や工事会社のマンションの入居者に聞いてみるのも一手でしょうし、ウェブ上でも「マンションコミュニティ」等の情報入手先があります。

解説　不動産会社の信用は、CMなどでよく知られているとか、大手だとか、そういった先入観だけで安心してしまうのは危険です。

信用調査としては、マンションを探す段階で不動産会社に関する情報を収集しておきたいものです。

不動産の売買には宅地建物取引業者免許が必要で、事務所の人目につくところに「代表者名、免許番号、有効期限」などを明記した標識（業者票）を掲げることになっています。たとえ免許を持っていても、事務所に標識がないような会社については避けたほうが無難です。また、免許番号の前の「(3)」等の数字は免許の更新回数（現在は５年に一度）を表しているので、この数字が大きいと長く営業していることになり、一定の安心感があります。

「宅地建物取引業者名簿」は、免許を交付した各地方整備局、都道府県庁に行けば無料で閲覧することができ、名簿には「個々の不動産会社の経営実績」「過去の行政処分の有無」「兼業業種」などが記載されています。

Ⅲ　契約から入居までのポイント

Q15　内覧会のチェックポイント

Q マンションの内覧会の日がもうすぐやってきます。楽しみにしていますが、どんな点を注意しなければならないのでしょうか。内覧会で気に入らないことがあったら、何でも直してもらえるのでしょうか。

A 内覧会は引渡し前の購入者による検査の機会で、実際に住む際に問題となる点がないかを見る必要があります。一般の購入者だけで検査できる内容は限られていますし、担当者が同行せず、購入者だけでチェックする場合もあり、この場合はほとんど検査にはなりません。「内覧会同行」というサービスを行っている設計事務所がありますので利用されるとよいと思います。

また、きちんとチェックするためには、小学生未満のお子様は連れて行かないほうがよいでしょう。また持ち物では、LED式懐中電灯、デジタルカメラ、鏡、メジャーがあると便利です。

解説　内覧会には、大きく分けて以下の２つのパターンがあります。

①　記録用紙と紙テープを受付で渡されて、部屋には購入者だけが入るパターン。

②　販売会社の説明員（アテンダー）や施工会社の担当者が部屋まで同行し、使用説明などを行い、指摘箇所には担当者が紙テープを貼り、専用の記録用紙に記録するパターン。

①の場合は、カーテンの採寸や家具の配置等の家族内相談が限界で、検査にはなりません。

②の場合は、設置器具の使い方の説明があったり、窓や扉の動作確認やオプションの確認をするよう促してもらえ、少しは検査になります。内覧会に出席する前にどちらのパターンかをあらかじめ聞いておき、①のパターンということであれば②にできないかを尋ねてみましょう。

一般の購入者が検査できるのは見た目の傷や汚れ程度です。工事現場は、埃が舞い、複数の職人が行き来するため、仕上げ材に傷や汚れはつきものです。これらを許容できるのかの判断が肝心で、手直しできないこともあります。クロス等は10年程度の消耗品ですし、床の傷は引っ越し当日にたくさん発生します。

問題は見えないところに潜んでいます。床や壁が傾いていないか、仕上がり具合が平均と比較して適正か等は一般の方では判断できません。ビー玉を転がすとよいなどといわれますが、今のフローリングは防音性能を高めるためクッション性があり、立っているところが体重によって低くなり、転がりやすいものです。

ユニットバスの天井には点検口があります。ここを開けて覗くと天井裏の施工状態がわかります。工事中の残材がたくさん残っている建物は、工事状態もよくない場合が多いようです。配管の接続状態や機器類の固定状態など、一般の方では検査も判断もできない箇所がたくさんあります。

そこで、インスペクターと呼ばれる専門検査員による「内覧会同行サービス」を利用することをお勧めします。たとえば、「日本ホームインスペクターズ協会」のホームページでは複数の診断士が紹介されています。検査費用は2、3時間程度の検査で3万円から5万円です。会社によっては、バルコニー等の共用部分も見てくれたり、報告書を作成してくれるところもあるので、サービス内容を問い合わせて選ぶとよいでしょう。

Q16　引渡し時に受け取る書類とその保管

Q マンションの引渡し時に、鍵のほかに受け取って、保管するべきものはないのでしょうか。

A マンションの購入者個人としては、売主が発行したものについてはすべてファイリングして保管しておきましょう。管理組合としては、各種申請図書、検査済証、竣工図書、販売時パンフレット等があげられます。

解説 購入者個人としては、購入時に受け取る書類は、のちにマンションを売ることになった際に必要となるものです。契約時の書類、販売時のパンフレット、取扱説明書等をファイルに綴じ込んで保管しておくとよいでしょう。

販売時に設計図面を見ることができる場合、コピーを受け取っておきましょう。引渡しの際に「図面と違うのではないか」といったトラブルが起こりにくくなります。受け取る図面は、購入予定の部屋の「平面詳細図」と「展開図」です。コピーがもらえない場合は写真を撮っておくとよいでしょう。撮影しておく図面には小さい字がたくさんありますので、撮影時には高画質で撮影しておくことをお勧めします。

管理組合としてはのちに修繕や改修で必要となる書類を保管しておく必要があります。以下の書類を受けとっていない場合は売主に請求しなければなりません。

①　確認申請図書関連　　「建築」と「工作物」のそれぞれについて確認申請図書があります。建築については「意匠」「設備」「構造」に分かれています。特に構造計算書があるかを確認しましょう。工作物については「エレベーター」や「立体駐車装置」等があります。共に添付図面は袋に入っている場合が多く、一度ばらばらになると収拾がつかなくなるため、袋から取り出す際には注意が必要です。

②　許可申請関連図書　　敷地が大きい場合などは、確認申請だけではなく、開発許可や総合設計制度の許可などをとっている場合があります。

③　消防関係申請書　　建物ごとに、必要な消防設備（消火器・連結送水管・屋内消火栓・自動火災報知設備・避難器具・スプリンクラー等）が変わります。それぞれの消防設備ごとに届出が存在します。

④　検査済証　　上記①の建築、①の工作物、②、③のそれぞれに対応する検査済証が発行されています。

⑤　竣工図書　　竣工図書は、完成した建物の関連図面をまとめたものであり、「意匠図」「構造図」「給排水衛生設備図（機械設備ともいう）」「電気設備図」からなりますが、１冊にまとめてある場合といくつかの分冊になっている場合があります。また、図面を原寸で綴じてある場合と図面を縮小して綴じている場合があります。

意匠図にはメンテナンス上、最低限必要な図面として、ⓐ特記仕様書、ⓑ内外部仕上表、ⓒ配置図、ⓓ各階平面図、ⓔ立面図、ⓕ断面図、ⓖ建具表があげられます。

また、ⓗ平面詳細図、ⓘ矩計図（かなばかりず。断面詳細図ともいう）、ⓙ階段詳細図、ⓚ各部詳細図、ⓛ外構図が入っていると、なお好ましいと思われます。

⑥　販売時パンフレット　　イメージ集や間取り集など分冊になっている場合もすべて残しておくとよいでしょう。もし販売時のチラシがあれば、

そちらも保管しておくとよいでしょう。

なお、販売会社からもらえることは稀ですが、完成後早い段階であれば以下の書類も渡してもらえる場合があります。

⑦　工事見積書　　売主と工事会社の間で取り交わされた工事見積書で、金額は伏せてあってもかまいません。大規模修繕工事の時などに利用できます。

⑧　施工図　　竣工図面に添付されている設計図以外に、施工するときに使用された図面です。特に、設備配管等は設計図と実際が異なることもよくあるため、参考になります。竣工図書に施工図を添付している場合もあります。

Q17　欠陥への対応

Q　マンションが完成し、鍵の引渡日が近づいています。お金を全部払って鍵を受け取ることになりますが、入居後に欠陥が見つかったときには誰に対して、何を請求できますか。

A　国土交通省の通達により、分譲会社は「アフターサービス基準」を設けています。見つかった欠陥がアフターサービスの対象となっており、サービス期間内であれば、分譲会社に補修を請求できますので、契約書の記載を確認してください（Q19参照）。「隠れた瑕疵」については、原則として、瑕疵が見つかったときから１年以内であれば、売主に対する損害賠償請求が可能です。契約の目的が達成できないときは解除が認められます（民法570条。瑕疵担保責任）。また、住宅の品質確保の促進等に関する法律（品確法）は、民法の瑕疵担保責任について特則を定めています。

そのほか、売主に対して債務不履行責任や不法行為責任を問える場合もありますので、弁護士などの専門家に相談してください。

解説

⑴　売主の瑕疵担保責任（民法570条）

瑕疵とは、「その物が、通常有しているべき品質・性能を備えていないこと」をいいます。「隠れた瑕疵」とは、契約当時、すでに瑕疵が存在していたことを、買主が気づかなかったことをいいます。ただし、普通に注意していれば知り得た瑕疵の場合は瑕疵担保責任を追及することはできません。

瑕疵担保責任を追及する相手方は、売主です。新築マンションの売買なら、分譲業者、中古マンションの売買ならば、マンションの旧区分所有者となります。請求の内容は、瑕疵の補修にかかった費用などの損害の賠償です。瑕疵が大きくて契約の目的が達成できないときは契約の解除も可能です。

瑕疵担保責任の追及ができるのは、原則として瑕疵の存在を知った時から１年間に限ります。ただし、この期間は契約で自由に変更できます（任意規定）。宅地建物取引業者が売主になるときは、「目的物の引渡しの日から２年以上となる特約をする場合を除き、買主に不利になる特約をしてはならない」（宅地建物取引業法40条）とされていることから、「引渡しの日より２年間」と定める業者が多いので、注意してください。

⑵　住宅の品質確保の促進等に関する法律（品確法）

品確法は、新築住宅の請負契約または売買契約について、構造耐力上主要な部分または雨水の浸入を防止する部分の瑕疵について、住宅の引渡しのときから10年間、①瑕疵修補請求、②修補に代えて、または修補とともにする損害賠償請求、③売買契約については売買の目的が達成できないときは解除の請求ができるとして、民法の瑕疵担保責任の規定（民法634条１項・２項前段・570条・566条１項）の特則を定めています（品確法94条・95条）。10年間の期間は特約で短縮することはできず、逆に特約で20年間までは延長できます（同法97条）。なお、新築住宅とは、建設工事完了の日から１年未満で、人の居住に使用されたことのない住宅をいいます。

⑶　住宅瑕疵担保履行法

前記⑵のとおり、品確法は、新築住宅の重要部分に瑕疵がある場合には、引渡しの時から10年間は、瑕疵担保責任を追及できるとして、消費者保護を図りました。しかし、責任を負うべき業者が倒産したり、無資力になってしまうと、消費者は結局泣き寝入りを強いられることになります。そこで、品確法によって義務づけられた瑕疵担保責任が確実に履行されるように、「特定住宅瑕疵担保責任の履行の確保等に関する法律」（住宅瑕疵担保履行法）は、建設業者および宅地建物取引業者に対し、瑕疵担保保証金の供託、または、住宅瑕疵担保責任保険契約の締結を義務づけました（同法３条・11条等）。これにより、瑕疵担保責任を追及できる住宅購入者等は、分譲会社等が自ら瑕疵担保責任を履行することが困難な場合（倒産等）には、供託金の還付請求、または指定保険法人に保険金支払いの請求ができることになります。

この法律により供託金または保険金の支払対象となる「新築住宅」の意味や「瑕疵担保責任」の範囲は、品確法の定めるものと同一です（住宅瑕疵担保履行法２条１項・４項）。また、保証されるのは、品確法による瑕疵担保責任が存続する期間（引渡しから10年間）に限るため、たとえば引渡しから11年目に瑕疵が発覚した場合には本法は適用がないことに注意してください。

Q18　共用部分のチェックと瑕疵

Q　マンションの引渡しを受けた後、専有部分は内覧会で指摘した事項が修理されているかを確認しました。一方で、廊下などの共用部分に不具合があり、気になりますが、共用部分は誰がチェックするのでしょうか。

A　通常は誰もチェックしてくれません。１年目と２年目には売主側でチェックする場合もありますが、当然ながらそのチェックは甘めです。また、管理会社が行う場合でも、売主や施工会社系列の管理会社の場合は同様です。管理組合発足後、できる限り早い段階で、専門家にチェックしてもらうことをお勧めします。

解説　共用部分のうち、バルコニーであれば内覧会の時に検査することが可能です。しかし屋上や廊下、その他共用施設の部分は売主側の竣工検査しかありません。屋上などは危険だからという理由で入居前には入らせてももらえない場合がほとんどです。

また、引渡し前では管理組合も発足していないため、共用部分の検査を依頼する発注者がいませんので、売主自らが第三者の検査人を立てる以外に引渡し前の検査は事実上不可能です。

一般的にはアフターサービスとして仕上げで２年間、重要な部位では10年間（品確法）は瑕疵修補請求が可能とされています（Q17、Q19参照）ので、この期間内に検査をして不具合、瑕疵が見つかれば、売主に対して補修工事等を請求できます。この期間を過ぎると、売主が補修工事を拒否してくるケースが多く、１回目の大規模修繕で、本来は必要のない工事を管理組合の負担で行わなければならなくなることもありますので注意してください。

なお、共用部分の管理行為は、本来は、管理組合の仕事です（区分所有法３条・18条）から、専門家に検査を依頼したり、売主に対して責任を追及するのは、管理組合が行うのが原則です。ただし、何らかの事情で管理組合が結成されていない場合や、管理組合が適切な措置をとらないときは、各区分所有者は、共用部分の「保存行為」として、これらの措置をとることができます（同法18条１項ただし書）。

Q19　アフターサービス

Q ２年半前に新築マンションを購入しました。先日、台所のシンク後部にある配管から水漏れがあり、管理会社に伝えて売主に修理をしてもらいましたが、２年の保証期間を過ぎているとの理由で修理代金を請求されました。

A 国土交通省の通達を受けて、分譲会社は、アフターサービス基準を設けているのが一般です。具体的な保証期間や保証内容は、契約書の定めに従います。また、建物本体ではなく附属の設備や製品については、それぞれのメーカーが独自に保証サービスを定めています。売買契約書や、製品の取扱説明書の内容を確認することが重要です。

保証期間が過ぎている場合は、まず保証期間の延長を求める交渉を行います。なお、アフターサービス期間が過ぎていても、瑕疵担保責任の追及が可能な場合があります。欠陥が隠れた瑕疵といえる場合であって、契約で定める期間内であれば、売主に損害賠償を請求することができます（Q17参照）。

解説 アフターサービスについては、それぞれのメーカーが独自に保証期間を定めており、また、不具合箇所が、キッチン本体なのか水栓等の付属（給排水）器具なのかでも、保証の対応者が変わります。ご質問のケースは、配管からの漏水ですから、製品（キッチン本体）の問題ではなく、配管工事の問題の可能性もあり、売主に対する瑕疵担保責任の追及も検討すべきでしょう。

〈コラム――分譲会社との折衝のタイミング〉

分譲会社に対して欠陥や不具合の補修をさせるためには、①アフターサービスでの調査をもとに折衝する、②長期修繕計画見直し時の劣化調査をもとに折衝する、③１回目の大規模修繕工事に向けた劣化調査をもとに折衝する、の３つの段階が考えられます。タイミングを逃さずに適切な折衝を行っていくことが大切です。

いずれにしても、分譲会社、工事会社などの系列から独立した専門家に依頼することが重要です。

第２章　マンションの管理・運営

～これだけは知っておきたい日常管理の必須知識～

【基礎講座】

▷マンション管理のもどかしさ

「政治とは、情熱と判断力を駆使しながら、堅い板に力をこめてじわっじわっと穴をくりぬいていく作業」（マックス・ウェーバー『職業としての政治』）。

マンション管理を職業として取り組んでいる専門家は、日々なかなか業務がうまく進まない、もどかしさを感じています。理事会役員や大規模修繕委員などマンションに住んでいる多くの方も、日常の管理運営の中で、滞納者や大規模修繕工事に協力しない義務違反者、マナーが悪くルールを守らない迷惑行為者など多くの事例に遭遇しています。逆に日常管理に全く関心のない、無関心層や非協力者も数多くいます。このような状況の中で、当初はまじめに管理運営に取り組んでいた理事長が住民の無関心に味をしめ、管理費積立金を横領するなどの事件が起きています。また、いまだに管理会社の横領事件も続いています。

▷じっくりとした民主主義的討議の必要性

ただ、「終の住処」として、安心して住みたいだけなのに……。

しかし、そこに大きな落とし穴があるのです。安心して住もうと思うと、やはり住民の意識レベルを高く保つ努力が必要なのです。つまり、マンションは住民が努力して維持管理を進めないと、他人任せになる集合体と考えられます。

経済状況が厳しい中、仕事に追われ、マンションの維持管理は、「面倒臭い」

「煩わしい」ということをよく聞きます。確かに、マンション管理は「面倒臭い」もので、合意形成が必要であり、民主主義的討議が意味をもちます。だからこそ、私たちはマックス・ウェーバーの言葉を借り、政治をマンション管理に読み替え、しっかり胸に刻みます。

「マンション管理とは、情熱と判断力を駆使しながら、堅い板に力をこめてじわっじわっと穴をくりぬいていく作業」なのだと。

Ⅰ　管理組合の運営

Q１　区分所有法と管理規約の関係

Q 大規模修繕実施の決議において、私のマンションの管理規約ではいまだに４分の３の特別決議が必要となっています。法律は改正されて大規模修繕は普通決議で足りると聞いていますが、管理規約と区分所有法ではどちらが優先するのでしょうか。

A 平成14年の区分所有法の改正により、大規模修繕実施の総会決議は、形状または効用の著しい変更を伴う場合に限って特別多数決議が必要で、そうでないときは普通決議で足りることになりました。法律改正にあわせて管理規約を変更していない管理組合では、区分所有法と管理規約に相違が生じます。ご質問のケースでは、区分所有法が優先し、管理規約の条文は無効になります。

解説

⑴　管理規約はマンション管理の基本

管理規約とは、マンションの区分所有者が、マンション全体の管理を行うために定める基本的ルールをいいます（区分所有法３条）。管理組合の総会で区分所有者および議決権の各４分の３以上の多数決で設定したり変更することができます（同法31条）。

なお、国土交通省は、マンション標準管理規約を定めていますので参考にしてください。

⑵　管理規約と区分所有法の優先関係

区分所有法と管理規約の定めに違いがあるときは、原則として区分所有法が優先し、これと異なる管理規約の条項は無効となります。ただし、区分所有法が、規約で別の定めをすることを許容している場合、区分所有法自体に定めがなく管理規約の定めに委ねていると解されている事項については、管理規約で自由に定めることができます（この点で、平成14年改正区分所有法の施行により、「従前の規約に規定する特別多数決議の要件が、当然に普通決議にまで変更されると解することには無理があると考えられる」とする見解もあります（日本マンション学会法律実務研究委員会編『マンション紛争の上手な対処法〔第３版〕』161頁）。

⑶　**大規模修繕決議（平成14年改正区分所有法）**

従前の区分所有法では、共用部分の変更について、著しく多額の費用を要する行為を実施するには、区分所有者および議決権の各４分の３以上の特別多数決議を経ることが必要とされていました。そのため、大規模修繕工事についても、著しく多額の費用を要する場合には、特別多数決議が必要となり、その円滑な実施を妨げ、建物の適正な管理に弊害が生じるという問題がありました。そのため、平成14年の区分所有法の一部改正により、共用部分の変更について、形状または効用の著しい変更を伴うものでなければ普通決議でよいことになりました。

Ｑ２　団地型マンションの管理規約

Q　団地型のマンションですが、団地型の管理規約になっていません。管理規約の改正が必要でしょうか。

A　必ず団地型への改正が必要ということではありません。単棟型規約であっても、支障なく機能していれば特に問題ありません。ただし、区分所有法の強行法規に違反する取決めは無効です。

解説　団地型マンションには、単棟型マンションにはない複雑な利害関係が存することとなり、規約の内容も独自の手当てが必要であることから、それぞれについて異なるマンション標準管理規約を示しています。単棟型と団地型の違いのポイントをあげると、団地型では、①会計の方法として、団地全体と棟別の管理費と修繕積立金を団地会計と棟別会計に分けるほか、②団地総会と棟総会の２つの総会が招集されることを想定していることがあります。また、団地型マンションの共用部分は団地全体の共用部分（集会所や管理事務所等）と棟の共用部分（各棟の廊下やエレベーター等）があるため、それぞれの範囲と共有持分割合を定めて表示するようになっています。

ただし、マンション標準管理規約は、あくまでモデルにすぎませんので、これらの規定を活かし、必要に応じて、管理の実態にあった改正を行っていけばよいと思われます。

Q３　管理組合とは何か

Q 同一マンションに管理組合が２つできたという話を聞きました。それは有効なのですか。

A １マンションには管理組合が１つです。法律的には、管理組合が２つあるということはあり得ません。つまり、どちらか一方が正式な管理組合ということになります。人間関係のトラブルや管理会社とのトラブルなどから、第２管理組合問題が発生することはあります。その場合は、組合員の総意を汲んでいるか、規約で定められた手続を正しく履行しているか等によって、正当な管理組合が決まることになります。

解説

(1)　管理組合

管理組合とは、区分所有者全員で構成される、マンションの建物並びにその敷地およびその附属施設の管理を行うための団体をいいます。マンション標準管理規約32条は、管理組合が行う業務の例として17業務をあげています。区分所有法は「管理組合」という言葉を明記していません（区分所有法３条）が、区分所有関係が成立すると（マンションの区分所有者が２

人以上となれば)、設立総会などを経ずして管理組合は当然に成立し、区分所有者は当然に組合員となると解されています。

ただし、実際には、管理組合総会が一度も開かれず、理事や理事長も選任されていないマンションも存在します。そのようなマンションでは、管理会社のお手盛りの会計処理などの不適切な行為によって、問題を多数抱え込むことになりかねません。管理組合の運営が適切になされているかどうかで、そのマンションの価値が決まるといってもよいでしょう。

(2)　マンション内の人間関係をめぐる争いのパターン

マンション問題の１つに人間関係に起因する内部対立があります。限られた空間の中に居住し、区分所有という形態のため、好き嫌いという次元の話から派閥ができて、管理組合運営の主導権をめぐって争いになるようなケースもあります。対立や紛争になる原因はさまざまですが、よくある４つのパターンを紹介します。対立の回避のために参考にしてください。

①　区分所有者自ら主体者として維持管理する統治力に欠け、意識やルールがバラバラになっている混乱によって生じたもの（ルール、マナーの欠如）

②　声の大きい、腕力の強い人が理事長の場合、どうしても独裁的な運営になるため、それを恐れて迎合したり、反発したりするもの（独裁的傾向）

③　法律や管理規約などを十分理解しないで運営したために生じたもの（法の無知、管理規約の無視）

④　区分所有者が無関心で、管理会社や管理者に任せっ放しにしたために生じた横領事件や不正トラブルに関するもの（お任せ主義）

Q４　管理組合の機関と役員

Q 管理組合の機関と役員について教えてください。理事になったら、どのような仕事をすればよいのでしょうか。理事長になると特別の義務を負うことはありますか。

A 管理組合法人を除き、区分所有法が定める管理組合の機関としては、「集会」（総会）と「管理者」だけですが、管理組合の機関としては総会のほかに理事会があり、役員として、理事長、理事（副理事長、会計担当理事を含む）、監事が管理規約で定められているのが一般的です。

解説

⑴　総　会

総会（集会）は、区分所有者全員で組織する管理組合の最高意思決定機関で、年１回開かれる通常総会と、必要なときに開催される臨時総会があります。決定する事項の重要性により、普通決議事項（区分所有者および議決権の各過半数以上の多数）か、より厳しい特別多数決議事項かが法定されています。

⑵　理事・理事長・理事会・監事

理事は、総会で決定した事項や管理規約で定められた業務を執行する役員であり、機関とされます。理事長は、対外的には管理組合を代表し、対内的には総会や理事会の決議を受けて管理組合の業務を執行する責任者です（マンション標準管理規約35条・38条・40条・51条参照）。監事は、管理組合の業務の執行および財産の状況を監査します（マンション標準管理規約41条）。

区分所有法は、理事長に相当する機関として管理者を規定しています（同法25条以下）。混乱を避けるために、管理規約で理事長を管理者と定める例が一般的です（マンション標準管理規約38条２項参照）。

理事や理事長の選任方法、資格、任期、権利義務等は、いずれも区分所有法には規定がありませんので、管理規約で定められます。理事は総会で選任され、複数の理事で理事会を構成します。理事長は理事の互選により定めるとする管理規約が一般的です。

⑶　理事・理事長の責任

理事（理事長を含む）と管理組合の関係は、委任契約（法律行為の委託）ないし準委任契約（法律行為以外の事実行為の委託）の関係にあり、区分所有法および管理規約に定めるもののほか、理事の権利義務は民法の委任の規定が適用されます（区分所有法28条参照）。

理事は、「善良なる管理者の注意義務」、すなわち、他人の財産に損害を与えないよう十分に注意して委託業務を遂行する義務を負っています（民法644条）。とはいえ、故意に（わざと）損害を与える行為をした場合や、管理費等を不正に流用したり、横領する行為は別として、普通の注意力をもって誠実に業務を行っていれば責任を問われることはありませんので、過度に神経質にならないほうがよいでしょう。

Q５　管理組合の会計担当者の役割

Q　管理組合の会計担当者には簿記の能力が必要でしょうか。管理会社に委託している場合はどのようなことが必要ですか。

A　特に、簿記の能力は必要ありません。区分所有者の誰もが会計担当者を務められることが大事であり、管理会社が作成している予算書・決算書、出納の業務について基本的なチェックができれば会計の役割が果たせているといえます。役割として必要なことは、予算と決算状況の差異について納得するまで確認すること、必ず通帳や残高証明書などは原本を確認することが求められます。

解説　管理会社に出納・会計業務を委託している場合が多いと思われますので、会計担当者としての注意点を次にまとめました。

① 予算と決算の差異に注意します。毎月、月次報告が義務づけられていますので、月次で、その進捗について確認することです。

② 支出について、見積金額どおりか、予想より大きなものはないか、二重払いはないかなどを確認します。

③ 未収金・滞納者を月次でチェックします。誰が、どのくらい未収金があるのかを、毎月注意する必要があります。管理会社が滞納金の回収のため、どのように督促しているのか、相手方の反応はどうかなども確認しておきます。

④ 未収金があまり大きくなると、通常の滞納督促では対応できません。話合いのため理事会に呼び出す、法的手段をとる、など、さまざまな手段・方法を検討します。

⑤ １年を通じて会計が終了したら、決算書の確認をします。また次期の予算書を作成するのも重要な役割となります。

Q６　理事会の議事録

Q 理事会の議事録作成は誰が行うのでしょうか。管理会社に任せると都合の悪いことは記載されないことがあります。

A 本来、理事会の議事録作成は、理事が行うのが筋だと思います。ただ、理事の中にどうしても書記ができる方がいないのであれば、管理会社に叩き台を作成してもらってもよいと思います。

ただし、管理会社に議事録作成を依頼しても、チェックは理事会が行うべきです。議事録作成の仕方が問題なのではなくて、管理組合の運営、チェック能力の問題だと考えられます。

解説 議事録の作成について、勘違いをされている方がよくいます。つまり、理事会の内容は、やりとりまで含めて詳細に記録するものだという考え方です。区分所有法42条２項では、集会の議事録は「議事の経過の要領及びその結果を記載し、又は記録しなければならない」とあります。理事会の議事録も、理事会の決定事項、議事の経過について、その要領、つまり要約したものを記録すれば足ります。

管理会社が都合の悪いことを書かないならば、理事会として、依頼事項や注意事項として追加記載すれば済むことです。主体者としての意識をもつことが重要です。

Ｑ７　住民の意思を反映する総会運営

Q 定例総会に先立ち、議決書の書面での提出が規約で認められています。その結果、ほとんどの住民が前もって書面を提出し、総会の当日はセレモニーだけで議論が少ない総会になります。単にセレモニーだけでなく、住民の意思が反映される総会運営はどのようにしたらよいのですか。

また、総会における議論を意思決定に活かすよい方法がないでしょうか。

A どの管理組合でも大なり小なりある問題です。委任状出席や議決権行使は、総会成立や運営上大切な制度なので、問題はどうやって意見を引き出せるかがポイントです。

解説 工夫しているマンションの事例を紹介します。

(1)　総会開催前に議案説明会を開催

総会が開かれる１、２週間前に議案説明会を開いているマンションがあります。当然総会ではないので、決議は行いません。議案の説明と質疑応答が主ですが、出てきたよい意見を参考にする場合があります。また、うまく応えられなかった質問について、総会で回答を用意し、質問者に納得していただくなどの工夫をしています。

⑵　**理事会ニュースの活用**

総会で出た意見などを理事会で協議し、回答をニュースで流すなどの広報をしているマンションがあります。

⑶　**アンケートの活用**

特に重要な案件については、事前にアンケートをとるなど、意見が反映されるしくみをつくっておく必要があります。

〈コラム――総会に出席できない組合員の議決権の行使方法〉

区分所有法は、①書面による議決権の行使、②代理人による議決権の行使を認めています（同法39条２項)。管理規約の定めまたは総会決議により③電磁的方法（ファクシミリ、Eメール、ホームページへの書き込み等）により議決権を行使することもできます（同条３項)。区分所有法は、代理人の資格に制限を設けていませんが、管理規約により同居の家族などに限定することも、合理性がある限り一般的には有効とされています（平成23年７月改正のマンション標準管理規約第46条関係コメント参照)。

Q８　総会議事録署名人と記載

Q　区分所有法42条２項で定められている総会議事録の署名押印者２名の選任に関して、法やマンション標準管理規約にはその２名について詳細に解説がありません。私は執行活動に携わらない者（理事以外）が署名すべきだと考えますが、適切な選任順位はあるのですか。また、総会の議事録はどこまで細かく記載すべきですか。

A　総会議事録の署名押印者の選任に特に決まりはありません。理事が署名してはいけないというものでもありません。

議事録の記載は、議案と議事の経過およびそれに対する可否の結果が要領よくまとめられていればよいものです。議論の細かい発言録である必要はありません。むしろ、細かいことを書きすぎると問題が起きることがあります。

解説

⑴　**議事録への署名押印**

総会の議事録には、議長および総会に出席した区分所有者２人が署名押印しなければならないとされています（区分所有法42条４項）。また、マンション標準管理規約でも、議長および議長の指名する２名の総会に出席した組合員が署名押印するとなっています（マンション標準管理規約49条２項）。署名押印をするのは、理事でも、理事以外でもよろしいというのが、基本的な考え方です。

区分所有法が署名を要求した趣旨は、総会の決議の重要性に鑑みて、出席した複数の組合員が、議事の経過および結果が正確に記載されているかを確認するという点にあります。執行活動に携わらない者が署名すべきとすることまで求められてはいません。

⑵　**議事録の記載**

議事録を逐一、まるで国会の議事録のように、正確に書くべきだと考えている方がいますが、そのような規定は、区分所有法にも、マンション標準管理規約にもありません。あくまでも、議事の経過の要領（つまり要約）およびその結果が記載されていればよいのです。一言一句正確に書くことは、意味がわからない発言をされている方もいれば、人格攻撃をしている方もいますので、お勧めできません。

なお、議長が総会議事録を作成しなかったり、虚偽の記載をしたときは、20万円以下の過料の罰則が定められています（区分所有法71条３号）。

⑶　**議事録の保管と閲覧**

議事録は、管理者（通常は理事長）が保管し、区分所有者や利害関係人から請求があれば原則として閲覧を拒否できません（区分所有法42条５項・33条２項）。

Q9　総会の議決の有効期間

Q 大規模修繕工事の実施を総会で議決したものの、何らかの理由で工事の実施が遅れた場合、総会の議決に有効期間はあるのでしょうか。

A 議決の有効期間に一律の基準はありません。しかし、大規模修繕工事の場合、ある時点で実施を議決したものの、実施を遅らせるほどの大きな状況変化が起きた場合は、議決し直すことが必要でしょう。

解説 未実行の決議については、当該決議が、一定期間に限って効力を有することが明記されていたり、または、決議の趣旨から一定期間に限って効力を有するものと解される場合を除き、期間の経過をもって当然に無効となるものではありません。したがって、期間の明記がない場合には、いまだ有効な決議としてこれに則った管理運営を行うか、すでに効力を失ったものとしてあらためて決議をすべきか、有効ではあるがあらためて決議を行うのが妥当か、当該決議の趣旨から解釈することとなります。

大規模修繕工事の実施の決議であれば、たとえば、決議後、財政状況に大きな変化が生じた場合などには、あらためて決議を行うべきでしょう。

Q10　総会決議の無効

Q 総会での議決成立後、そこに至るまでの手続不備や居住者に対する間違った情報提供があるとわかったとき、その議決は自動的に無効となるのでしょうか。それとも、誤った手続や情報に基づくものであれ、いったん出た議決は生き続けるのでしょうか。

A 総会決議に手続上の不備がある場合、それが決議を無効にするほどに重大な手続違反である場合（たとえば、決議要件を満たさない場合や総会の招集通知を発送していない場合、または通知に決議した議案が示されていなかった場合、一部の区分所有者の権利に特別の影響を及ぼす場合にその者の承諾を得なかった決議など）は、決議自体無効となります。

決議が誤った情報に基づいてなされたとしても、その決議が当然に無効になることはありません。決議が誤った情報に基づいてなされたものであり、内容的に問題がある場合には、あらためて集会の議題として、決議をし直すしかありません。この場合、もし管理者（理事長）が総会を開こうとしないときには、区分所有者の５分の１以上でかつ議決権の５分の１以上を有する者が、集会の招集を請求することができます。

解説

⑴　手続的瑕疵

総会は、区分所有者全員をもって構成される管理組合の最高の意思決定機関であり、その決議は、区分所有者全員に対して法的拘束力が認められる極めて重要な意思決定手続です。そのため法律は、総会の招集手続や決議要件について詳細な規定を設けています。他方で、いったん成立した決議を容易に覆すことは安定した管理運営に支障を及ぼすことになり、かえって弊害を生じます。したがって、瑕疵が手続上の軽微な瑕疵にとどまる場合には、瑕疵の治癒を認め、当該決議が無効とはならないのです。

⑵　内容の瑕疵

決議内容の瑕疵により決議が無効になる場合も限定されています。たとえば、区分所有法の強行法規に違反する内容の決議、公序良俗（民法90条）に違反する内容の決議、区分所有者間の衡平（区分所有法30条３項）を著しく害する内容の決議などが無効とされるおそれがあります。

II　管理会社等をめぐる問題

Q11　理事会方式と管理者管理方式の違い

Q 「理事会方式」と「管理者管理方式」の違いを教えてください。

A 前者は、現在日本のマンションの多くで採用されている、管理組合理事会が主体的に管理を行う方式です。住民の自治意識的要素が強い方式です。

それと比較して後者は、管理組合員以外の第三者（専門家や管理会社）に管理者を依頼する方式で、リゾートマンションなど一部のマンションで採用されている管理方式です。住民の管理組合運営に参加する意識が希薄になることは否めません。

解説 マンション住民の高齢化、賃貸化、無関心などマンション管理の現状や課題を踏まえ、その課題の対応策、マンションの新たな管理方式の検討の課題として、平成20年３月、財団法人マンション管理センターから「マンション管理の新たな枠組みづくりに関する調査検討報告書」が提出されています。この中で、管理の方式について、従来のマンションで広く実施されている管理組合理事会方式に対して、検討課題として提案されているのが、第三者を活用する管理方式です。これには、区分所有法を活用する「管理者管理方式」と信託法および信託業法を活用する「信託活用方式」があります。

しかし、信託活用方式の提案は、管理組合にとってメリットよりデメリットのほうが大きいと思われます。「信託活用方式」では、大手業者等のメリットを優先させるために、従来の管理者管理では、合意形成が常に必要なことを問題としてとらえ、「区分所有法を前提としない」、「管理組合が主体ではない」、「合意形成が必要ない」、「マンション管理適正化法も前提としない」信託活用という方式を使い、マンション住民の根幹を形骸化する狙いがあります（詳しくは、祢宜秀之「信託活用への懸念と管理者管理の展望について」マンション学33号108頁以下を参照してください）。

〈コラム――マンション標準管理規約の歴史〉

・昭和57年（1982年）１月
　「中高層共同住宅標準管理規約」（住宅宅地審議会答申）
・第１次改定――昭和58年（1983年）10月
　「中高層共同住宅標準管理規約及び同コメント」（建設省）
・第２次改定――平成９年（1997年）２月
　「中高層共同住宅標準管理規約及び同コメント（単棟型・団地型・複合用途型）」（建設省）
・第３次改定――平成16年（2004年）１月
　「マンション標準管理規約及び同コメント（単棟型・団地型・複合用途型）」（国土交通省）
・第４次改定――平成23年（2011年）７月
　「マンション標準管理規約及び同コメント（単棟型・団地型・複合用途型）」（国土交通省）

Q12　管理会社主導の管理運営を変えたい

Q 管理会社が管理組合を機能させないようにしています。理事会とは名ばかりで、集会も一度も行われていません。住民が話し合う場には、どんな小さな場でもいつも業者が顔を出しています。管理委託契約もいい加減で、私が勉強して管理会社に質問をしたところ、一部の住民と結託して中傷ビラを配布しました。どうしたら管理会社主導の管理運営を変えることができますか。

A 区分所有法では、管理組合は区分所有者の団体として自動的にできることになっていますが、実際に管理組合が機能していないことはよくあります。やはり、自分たちの財産は自分たちで守るという意思が大切で、管理会社の変更、規約の改正など、１つひとつ課題を解決していかなければいけません。自分たちで汗をかいて管理組合を「つくっていく」ということが重要です。区分所有者の５分の１以上でかつ議決権の５分の１以上を有する者が、集会の招集を請求することができます（区分所有法34条３項）。

管理組合を機能させるために、同様の問題意識をもつ仲間を募って、自らが理事に立候補してみてはどうでしょうか。

解説 管理会社の変更は、以下に示すとおり、管理会社の法的地位（管理業務の法的根拠）によって手続が異なってきます。変更を考える前に、管理会社と話し合って改善を求めることが重要ですし、管理委託契約の内容を修正して管理会社の業務内容を具体的に明確にするなどの措置も有効です。また、せっかく管理会社を変更しても以前と実態は変わらなかったなどということのないように、変更先は十分に調査検討のうえ、契約を締結することが肝心です。

新規に契約を締結する場合は、マンション管理適正化法が適用され、説明会の実施など手続が定められています。

⑴　管理委託契約を締結している場合

契約書に契約期間の定めがあれば、期間満了により終了します。さらに、委託契約には解約申入れについての規定があるのが通常ですから、その規定に基づき解約することもできます。管理会社の債務不履行があるときは、契約の解除、損害賠償請求も可能です。ただし、管理会社の義務が明確に規定されていないときは、債務不履行があるかどうかが争点となります。

⑵　管理者である場合

原始規約で、管理会社を管理者と定めているケースもあります。この場合は、総会で解任することができます。管理会社に不正な行為があれば、個々の区分所有者が解任を裁判所に請求することもできます（区分所有法25条1項・2項）。

Q13　管理会社に対する資料請求

Q　管理会社の会計処理がずさんで、数字にもズレがあります。請求をした資料が出てこないこともありますが、過去の資料提出を強制することはできますか。

A　管理会社と管理組合が、業務委託契約を締結している場合は、通常は管理会社について報告義務を課しているはずです。また、民法の委任契約の報告義務の規定（民法645条）もありますので、必要な資料は管理組合が請求してください。管理会社が応じない場合は債務不履行（契約違反）となり、損害賠償請求や契約の解除も可能です。資料提出の要求に強制力をもたせるには、マンション管理適正化法に基づく登録取消しを活用する手段もあります。

解説　まず、どうして会計処理がずさんになるのかという背景もみておく必要があります。収納口座として管理会社名義の口座となっていたり、管理組合理事長の口座名義でも印鑑と通帳を管理会社に預けているケースなどもあります。管理費等の徴収方法がどのような仕組みになっているのかまで、確認しておくのが重要です。

〈コラム――マンション標準管理委託契約書〉

これまで標準的な管理委託契約書指針としては、「中高層共同住宅標準管理委託契約書」（昭和57年）があり、その後平成15年４月に「マンション標準管理委託契約書」として改訂されました。平成22年５月１日より、マンションの管理の適正化の推進に関する法律施行規則の一部を改正する省令が施行されたことで、マンション標準管理委託契約書がさらに改訂され、現在に至っています。改訂ポイントは、財産の分別管理の方法のほか、保証契約の締結、保管口座の管理会社による印鑑等の保管の禁止などです。

Q14　居住者名簿と個人情報保護

Q マンション住人の名簿は、個人情報保護法による規制を受けないのでしょうか。

A マンション居住者の名簿も、個人情報の保護に関する法律の規制する「個人情報」に該当します。ただ、同法の規制を受けるのは、過去６カ月以内に個人データが5000人分を超えて事業の用に供したことのある民間事業者だけです。したがって、住民名簿を管理組合において管理している場合は、一般的には、管理組合は同法にいう「個人情報取扱事業者」にはあたらず、同法の規制は受けないことになります。

他方、管理会社が当該名簿を管理している場合は、管理会社の有するデータ量によっては、管理会社が「個人情報取扱事業者」にあたり、同法の規制を受けることになります。

解説　マンション管理においては、管理の適正化・効率化や、迷惑行為・犯罪行為の防止のために、一定の情報を収集・保有する必要があります。他方で、マンション居住者等のプライバシー権を侵害することは許されません。とりわけ現代社会におけるプライバシー意識の高まりに鑑みれば、無用なトラブルを起こさないよう適切な情報管理をしなければなりません。

Ⅲ　マンション財政の管理

Q15　管理費の使途

Q　管理費は何に使われているのでしょうか。

A　管理費の使途は大きく５つに分かれます。第１に光水熱費で、電気代、水道代などです。第２に管理委託費で、管理会社の委託費用として、事務管理業務費、管理員業務費、清掃費、建物・設備管理業務費（保守費）などです。第３にマンションの保険料です。第４に営繕費、小修繕費用です。第５に管理運営にかかわる諸費用で、管理組合運営費（役員報酬）、コミュニティ費や、事務費、備品費、通信費などが該当します。

解説　管理費会計の収入には、管理費（各住戸の月額の12カ月分を計上する）、駐車場使用料（会計年度内に利用された区画の使用料の相当月分を計上する）、駐輪場使用料（会計年度内に利用された区画の使用料の相当月分を計上する）、専用庭等使用料（専用庭やルーフバルコニー等、実際使用しているかどうかにかかわらず12カ月分を計上する）、その他、利息や集会室使用料などがあります。収入の考え方として、管理費以外は修繕積立金に繰り入れるということもできます（修繕積立金会計は管理費会計と区分することが必要です）。

ただし、マンションによって、駐車場使用料、バイク置き場使用料、駐輪場使用料、専用庭等使用料が無償の場合もあります。

管理費の使途を検討して、管理費を決めるのが一般的です。特に管理会社の委託費用については、重要事項についてよく説明を聴いたうえで、契約を交わす前によく吟味することが必要でしょう。費用が安ければよいというものではありません。

吟味する点として、管理会社の事務管理業務の内容や理事会担当者に対するコンサルティング能力も、重要な要素です。

Q16　管理費徴収方式

Q 「管理費徴収方式で旧原則方式を採用している管理組合が意外と少ない」という話を聞いたことがありますが、それはどのような理由によるのですか。

A 管理費徴収方式について、旧原則方式の場合、預貯金口座を管理組合または理事長名義で作成するため、管理会社としては入出金に手間がかかるということがあります。管理会社が自由に入出金できる状態がよいかということに、管理組合が問題意識をもたなければ状況は変わりません。

旧原則方式の導入における管理組合のリスクとしてよくいわれるのは、管理組合の事務作業が増えるということです。しかし、実際の事務作業としては、出金ごとに押印をするだけですから、これを管理組合としてどう考えるかということになります。

解説 平成22年５月１日に施行された「マンションの管理の適正化の推進に関する法律施行規則の一部を改正する省令」による改正前後の管理費徴収方式の仕組みは、後掲〈図２〉のとおりです。

〈図２〉　法改正前後の分別管理方式の相違点

従前の分別管理方式

①　原則方式

管理業者無関与で、管理組合員から直接、組合名義の口座に振込・振替を行い収納する方法

組合員 ➡ 管理費収納　保管口座（管理組合名義）

②　収納代行方式

各種支払完了後、残った管理費等を１カ月以内に組合名義の保管口座へ収納する方式

組合員 ➡ 管理費等収納口座（管理業者名義） ➡ 管理費等保管口座（管理組合名義）

③　支払一任代行方式

収納口座の印鑑と通帳は管理業者が保管。各種支払い後、残りの管理費等を１カ月以内に組合名義の保管口座に収納する方式

組合員 ➡ 管理費等収納口座（管理組合名義） ➡ 管理費等保管口座（管理組合名義）

⬇

①②③すべて廃止

改正後の分別管理方式　平成22年5月1日施行

イ　方式

組合員 →（修繕積立・管理費）→ 収納口座 →（修繕積立・管理費用残額）→ 保管口座

※今月分としての収納を翌月末までに保管口座へ資金移動。
※収納口座の名義は問わない。

ロ　方式

組合員 →（修繕積立費）→ 保管口座
組合員 →（管理費）→ 管理組合名義収納口座 → 保管口座

※修繕積立金は保証措置の対象とならない。
※今月分としての収納を翌月末までに保管口座へ資金移動。
※収納口座の名義は問わない。

ハ　方式

組合員 →（修繕積立費・管理費等）→ 収納保管口座

※収納と保管を分けず、１つの口座しか認められていない。

Q17　分別管理方式

Q 平成22年5月1日施行のマンションの管理の適正化の推進に関する法律施行規則の一部を改正する省令の分別管理方式について、改正前における原則方式は、改正法における〈図2〉のどの方法にあたるのですか。

法改正によい点はありますか。改正後の分別管理方式ではどの方法がよいのでしょうか。

A 改正前後の管理方式の相違点は〈図2〉を参照してください。ここでは、とるべき管理方式を解説します。

解説 まず、従来の分類方式は廃止となります。

イが分類上、一番多くなる可能性があります。従来の方式の分け方自体が廃止されたので、わかりにくくなっています。

なお、管理組合の判断で、改正前の原則方式を選択することも法に違反するものではありません。

管理組合名義の保管口座の印鑑やカード等を管理会社が保管できなくなったこと、会計の収支状況に関する書面提出が義務化されたことは管理組合にとってメリットといえます。当たり前のことに思われるかもしれませんが、これにより状況が改善される管理組合も多くあるのが現状です。

結局、従来の原則方式が最もよいというのが結論です。この方式を採用している管理組合、管理会社は、管理運営体制構築に積極的であると評価される仕組みが必要と考えます（残念ながら管理の質の面で適正に評価されていると思えません）。

Q18　駐車場使用料の会計

Q 駐車場使用料は、修繕積立金と別会計にしておいたほうがよいのでしょうか。

A 駐車場使用料を修繕積立金として扱うか別会計にするかは、一概に、どちらでなくてはいけないということはありません。機械式駐車場の場合、修繕積立金と別会計にすると、メンテナンスだけは駐車場会計でバランスがとれていても、いざ改修工事の際、駐車場会計だけでは不足して修繕積立金がショートしてしまう場合があります。管理組合ごとに状況をみた判断が必要です。

解説 長期修繕計画に関する解説書には、「点検や修繕に多額の費用を要することが想定する場合、管理費会計及び修繕積立金会計とは区分して駐車場使用料会計を設けることが望まれます」と書かれています（国土交通省住宅局市街地建築課マンション政策室監修『長期修繕計画標準様式・作成ガイドライン活用の手引き』）。しかし、実際に駐車場使用料会計を区分して設ける事例であっても、うまく活用できているケースも少ないのが現状です。駐車場使用料会計ということで、管理費や修繕積立金とも別会計にした場合、余剰があれば使用料を下げようという動きになり、空きが出てくれば、計画どおりの収入が入りません。万一、工事する際に不足ということになると修繕積立金から取り崩すという最悪のケースになります。それぞれのマンションの状況をみながら、検討することが必要です。

分譲業者の販売作戦として、相場より安い機械式駐車場使用料に設定して、見せかけ上購入しやすくするものがあります。しかし、将来的には、機械式駐車場の場合、改修工事に莫大な金額がかかりますので、工事費が不足するケースがあります。また、管理費に駐車場使用料を合算して、管理費や駐車場使用料を見せかけ上安くすることもあります。

駐車場使用料は、できれば修繕積立金会計に繰り入れるなど、注意しておくことが必要です。

第３章　マンションの維持管理

～これだけは知っておきたい建物維持管理の必須知識～

【基礎講座】

▷建物維持管理の構成

マンションは多様な構成で成り立っています。主な分け方を25頁の竣工図書別に整理してみると次のようになります。

① 建築　　意匠（仕上げ等）、構造（躯体）、外構、エレベーター、機械式駐車装置など。

② 機械設備　　給排水設備、ガス設備、空調換気設備など。

③ 電気設備　　幹線（電気配線や変電設備等）、照明器具、弱電（電話・TV配線等）など。

各分野で長く使うための維持管理にはそれぞれ特徴があります。

▷建築の耐用年数

建築は躯体と仕上げに大別することができます。建築の耐用年数を決定づける要因は躯体の寿命で、この寿命を左右する要因として仕上げがあります。マンションの躯体の多くは、鉄筋とコンクリートを用いていますが、コンクリート内にある鉄筋の保全が耐用年数を保つうえで特に重要となります。

コンクリートは本来長持ちする材料です。ローマのパンテオン神殿は、建築後1900年近く経っている今も使用されています。コンクリートは強アルカリ性なため、中に入っている鉄筋が錆びることはありません。しかし、大気に触れているコンクリート表面から中性化が進行するため、この中性化した範囲が鉄筋に達してしまうと、鉄筋が錆び始めます。こうなると、新築時に確保されていた鉄筋コンクリート構造の耐力に影響を及ぼし、耐用年数が短縮してしまうことになります。そこで、中性化を進みにくくするためにタイルや塗装などの仕上げを施します。建築の耐用年数を短縮させないためには、経年的に生じるコンクリートのひび割れ補修、仕上げの塗り替えなどを適切な時期に施すことが重要といえます。

▷機械設備の耐用年数

使用されている材料や施工の良し悪しによって耐用年数やメンテナンス時期に違いが生じます。たとえば、昔の給水管は鉄管が多く、放っておけば錆びてしまう材料です。最近では、ステンレス管や樹脂管など錆びを生じない材料も使われるようになりました。耐用年数を保つためには、使用されている材料を早い段階で確認し、劣化の可能性を把握しておくことが重要です。

また、機械設備に問題が生じた場合は、水漏れや使用制限など生活に直結することが多く、その解決には多大な費用と労力を要するため、適切な維持管理で耐用年数を最大限確保することが重要です。

▷電気設備の耐用年数

照明機器など10年から15年程度で交換が必要となるものもありますが、電気設備の多くは比較的長期に使用が可能です。むしろ、物理的な耐用年数よりも社会の変化（インターネットの普及、電器製品の増加、防犯意識の向上など）に影響されて耐用年数が決まる場合が多い状況です。電気設備は快適なマンションライフを送るうえで直結する内容が多く、再販時における広告にも売り文句として表示されることが多いため、「より快適に暮らすため」に積極的に性能を付加していくことが資産価値向上の面で良策といえます。

最後に、建物維持管理の特徴を踏まえ、本書を参考にして、安心で快適に長く住めるマンションライフに向けて維持管理されることをお勧めします。

Ⅰ　建　築

Ｑ１　大規模修繕工事における居住者の協力

Q 大規模修繕工事で居住者の協力が必要になるのはどのようなことですか。その場合、協力が得られない方についてどのように対処したらよいでしょうか。

A 大規模修繕工事で居住者の協力が必要になるのは、ベランダの専有物（鉢植えや物置など）、手すりに取り付けてあるアンテナ、鳩除けネットなどの移設、給排水管の利用制限などがあげられます。

ベランダは共用部分のため、鉢植えや物置などを移設してもらえないのは、管理組合としても大変困りますが、「けしからん」と迫ってもなかなかうまくいきません。そこで、移設先のスペース（共用庭や屋上）を準備し、高齢者など自分で動かすことが困難な方には、工事会社にお願いした場合の費用などを伝えて、協力できる条件をつくりましょう。物置などは、火災時の避難空間を阻害している場合もあり、この機会に改善することが望まれます。話し合うことが第１ですが、場合によっては、管理規約で取扱いを定めるなど対応策の検討が必要です。

解説 大規模修繕の中には、共用部分と専有部分を一体的に改修するほうが技術的にもメリットが大きく、専有部分も含めた工事を総会で定めておけば実施は可能です。その場合でも区分所有者には工事を断る権利があります。

しかし、工法によっては、すべての方の協力が得られないと工事ができない場合もあります。その場合、管理組合として専有部分に立ち入る工事となるため、居住者に「劣化の状況」と「工事の方法」をわかりやすく説明します。その際には、中長期的な観点も説明するとよいと思います。

〈コラム――居住者の協力が得られない場合〉

居住者の協力拒否への対応を行う場合、現在の管理規約を確認することが第一歩です。また、マンション標準管理規約23条では、建物の維持管理に必要な専有部分への立入りを容認しなくてはならないという定めがありますので、これをもとに説得を行うことも考えられます。それで協力が得られない場合は、権利の放棄として工事の対象外とすることが１つの方法であり、裁判で協力を強制することは難しい場合もあります。

Ｑ２　住戸内のリフォーム

Q 住戸内のリフォームをしたいと考えています。リフォームで工事対象とできるのはどこまででしょうか。

A 対象となるのは、規約で定められた専有部分の範囲内と考えてください。

解説 参考までに、共用部分と専有部分の区分を紹介します。住戸を囲む床や壁、天井のコンクリート躯体部分、住戸内にある排水竪管などは共用部分となります(住戸内の間仕切り壁は含まれません)。それより、内側の専有部分は自由にリフォームしてよいのが原則ですが、管理規約でリフォームに関する細則が定められているマンションはたくさんありますので、細則に則って、手続を行う必要があります。

たとえば、エアコンの増設などで共用部分であるコンクリート躯体に穴を開けたい場合は、理事会に許可を求めてから実施することが必要です。なお、理事会としては、対象とする箇所が構造的に重要な扱いになっているか、鉄筋探査機の使用などにより躯体内の鉄筋を切断しないための対策がとられているか、などをもとに許可を行うことになります。

マンション標準管理規約22条１項では、「共用部分のうち各住戸に附属する窓枠、窓ガラス、玄関扉その他の開口部に係る改良工事であって、防犯、防音又は断熱等の住宅の性能の向上等に資するものについては、管理組合がその責任と負担において、計画修繕としてこれを実施するものとする」となっています。ただし、この適用にあたっては、長期修繕計画の見直しを十分確認してください。

Q３　大規模修繕工事におけるCM方式

Q マンションの大規模修繕工事におけるCM方式について、注意点を教えてください。

A CM方式とは、「コンストラクションマネージメント（Construction Management）方式」のことをいいます。CM方式は、今までのゼネコンへの一括発注方式に比べ、ゼネコンの中間経費がかからないという点で注目を浴びているようです。大規模修繕工事は新築に比べて工種が少なく、比較的分離発注しやすいと思われますが、十分に見極めたうえで判断してください。以下に、管理組合の皆さんがCM方式で押さえておくべきポイントを紹介します。

①　工事後の保証も見据えて責任範囲が十分に明確となっているか
②　工事中の変更や増減への対応などを総合的に調整できるか
③　工事中の居住者への連絡やクレーム対応などが円滑にできるか

解説　大規模修繕工事には、躯体補修工事、塗装工事、防水工事、電気工事、機械設備工事などさまざまな工種がかかわってきます。それらを工事会社が一括して請け負うことが一般的ですが、最近では各工種の専門業者へ分離して発注する方式を採用する管理組合も出てきました。これは、「分離発注方式」と呼ばれますが、分離で発注した工事を取りまとめ、工程やコスト管理などを総合的に行う現場監督が不在となります。そこでコンストラクションマネージャーと呼ばれる専門家（一般的には建築士や現場監督を勤めていた方などが多い）がかかわることが必要となるわけです。

大規模修繕工事は、新築工事と違い居住者がいる中での工事であり、現場に入ってみないと最終的に特定できない工事もあります。分離発注した場合は、各業者がそれぞれの工事範囲内で仕事を行うことになりますので、責任や対応の擦り合いにならないように気をつけてください。また、日本での歴史が浅いために保証等のことがうまく機能するのかの検証はまだできていないのが現状なのではないでしょうか。あまり、お勧めできる方式ではありません。

Q４　工事完成保証

Q　工事中に、工事会社が倒産した場合の備えはどのように考えればよいでしょうか。また、工事請負契約に際して、マンション修繕工事向けの約款はないのでしょうか。

A　完成までの備えにはいくつかの方法がありますが、以下の２つが代表的なものです。

①　契約時に完成保証人を付けてもらう。

②　完成保証制度への加入を義務づける。

①は、請負契約時に別の工事会社を完成保証人として取り交わしをしておき、請負会社が倒産した場合には請負金額を変更せずに、この完成保証人が工事を引き継ぐことになります。

②は、工事請負会社が会員として特定の保証制度に加入する制度です。倒産した場合には未完成部分をこの制度に加入している別の会員が工事を引き継ぐことになります。工事完成後の瑕疵保証について①②ともに付けられる場合とできない場合があるので、契約時に確認しておくとよいでしょう。な

お、引き継ぐ工事会社は契約時に①の場合は選定が可能ですが、②の場合は加入会員の中からが前提で、発注者の意向に添えない場合もあります。

②の完成保証では以下のようなところで取扱いがありますが、請け負う工事会社に問い合わせることでどの保証制度が使えるかがわかります。

ⓐ　モーゲージバンク（ノンバンク）系による住宅完成保証制度

ⓑ　マンション計画修繕施工協会による「MKS計画修繕工事新保証システム」

解説　倒産している工事会社の多くは、本業である建設業以外に、不動産業や開発による受注に積極的に取り組み、地価下落などの影響によって大きな負債を抱えたケースが多いようです。大規模修繕工事のみを専門的に行っている会社は、新築工事と比べて工期も比較的短く、倒産に対するリスクが少ないという利点があります。倒産した場合の備えに頭を悩ませる以上に、倒産しない工事会社を選ぶことに力点をおくことが重要でしょう。工事会社の選定にあたっては、工事金額の安さだけではなく、「経営審査事項証明書」等を参考に直近の経営状況を把握することなど、慎重に進めることが賢明です。

約款についてですが、建築関連の団体で制定している約款（民間（旧四会）連合協定工事請負契約約款）は新築用であり、修繕工事向けの約款は社会的なモデルがない現状です。よって、この約款をベースに、あわない部分だけを仕様書に載せておく方法をとる場合もあります。

Q５　工事の進め方

Q　修繕の実施は誰にお願いしたらよいのでしょうか。

A 一級建築士事務所や管理会社、工事会社にお願いする場合が多いようです。

修繕を実施するには「調査→設計→工事」と段階を追って進める必要がありますが、大きく「責任施工方式」と「設計監理方式」があります。

「責任施工方式」は、工事会社や管理会社が、調査から工事までをすべて引き受けて進める方式です。次の留意点が必要です。

① 修繕技術は専門性が高いため、管理組合が理解しないまま進んでしまう可能性がある。

② 管理会社は管理組合の積立金を知っているため、工事金額に競争原理が働かない可能性がある。

「設計監理方式」は、建築士が調査と設計を行い、工事中は工事監理を行って、工事の品質を管理組合に代わって検査します。ただし、管理組合を尊重したコンサルティングができる建築士を選ばないと、結果的に建築士任せになってしまいます。

修繕は、皆さんの修繕積立金を多額に使う大切な工事です。管理会社や工事会社、建築士任せにしないで進めることが重要です。できれば、建築士に依頼し、技術的な説明や助言を受けながら、皆さんで納得しながら進めることをお勧めします。

解説 建築士にお願いするときは、数社から、実績や取組み方などを説明してもらい、あわせて見積りをもらいながら総合的に決める必要があります。

建築士を選ぶ際の留意点を以下に記載します。

① 極端に安い見積りはご用心　　設計事務所の費用の大半は人件費です。見積りも「一式」ではなく「人・日」計算として、どのくらいの日数がかかるかを明示しているかどうか、しっかり見ましょう。また、その単価も適正な価格かを確認しましょう。単価が低い場合は、経験の少

ない職員やアルバイトを多用する可能性があります。なお、工事会社からバックマージンをとることで業務費用を抑える会社もありますので、注意が必要です。

② 新築の仕事が多い建築士はご用心　修繕は新築と違う経験や技術が必要です。新築設計が多い建築士では力量不足になる場合があります。

③ 専門用語を多用する建築士はご用心　専門性を盾に、素人の管理組合が理解できない説明しかできない建築士では、結果的に皆さんが納得して進められません。

Q６　マンションの耐用年数

Q マンションの耐用年数は一般的にどの程度でしょうか。

A 新築の設計では、コンクリート強度によって耐用年数を設定する考え方がありますが、実際にその耐用年数どおりに建物が運用されているとは言い難い現状です。それには、いくつかの理由があり、マンションの耐用年数を考えるうえでも重要なことが多くありますのでご紹介します。

① 物理的要因

ⓐ 建物の修繕が疎かになり、鉄筋の腐食がひどい。

ⓑ 給水管の腐食を放置してきたため、修理費が多額になる。

ⓒ コンクリートの中性化が予想以上に進んでいる。

② 機能的要因

ⓐ 耐震基準が変わり、旧耐震建物となってしまった。

ⓑ エレベーターがなく、老後の心配が大きい。

ⓒ 断熱性能が悪く、快適に暮らせない。

マンションは住まいです。居住者や社会状況の変化により、建物としての使い勝手の良し悪しも変わってきます。しかも、機能面の改善にあたっては、修繕のために積み立ててきた修繕積立金で何とかやりくりしないといけないという面もありますので、常に20年程度先を見越した建物の維持管理を意識することが必要です。また、機能面では十分使えるのに、日頃の修繕が疎かになり使い続けられないというのは、非常に残念なことです。耐用年数を長くするのは、管理組合員の意識次第というのが率直なところでしょう。

解説　日本では、30年から40年で建替えの議論がされるマンションがありますが、ヨーロッパなどでは、100年以上使われている集合住宅があります。地震の有無、気候、建物の性能・仕様などが違うため、一概に比較はできませんが、日本では経済性を優先してマンションが造られてきたように思います。たとえば、耐久性のあるコンクリートを用いると、分譲マンション市場に見合わないこととなってしまいます。

かつては、マンションは一時の住まいで、行く行くは庭付き一戸建てという考え方もありました。しかし現在は、マンションに長く住むという考え方が増えていますので、適切な維持管理がますます重要です。

Ｑ７　建物の形状と耐震性能

Q　私のマンションは１階がピロティになっています。耐震性についてはどう考えればよいでしょうか。

A　ピロティ形式の建物は１階に壁が少なく、上階の重量が関係する力も大きくなるため、一般的には地震に対して注意をする必要があります。特に、昭和56年（1981年）６月に建築基準法の構造規定に大きな改正があったことから、それ以前に確認申請を受けた建物（「旧耐震基準」の建物）の多くは耐震性がやや劣るとも考えられます。ピロティ形式以外でも、まずは、以下のいずれかにあてはまるかをご確認いただき、あてはまる場合は耐震診断の検討をお勧めします。

①　古い建設年代と老朽化が進んだ建築物

ⓐ　昭和56年（1981年）６月より前に確認申請を受けた建築物

ⓑ　壁や基礎のひび割れや、雨漏り跡、建物の傾斜など老朽化が進んだ建築物

②　バランスの悪い建築物

ⓐ　立面や平面が不整形な建築物

ⓑ　壁、窓の配置が偏っている建築物

ⓒ　ピロティ形式の建築物

ⓓ　大きな吹き抜けのある建築物

ⓔ　混合構造（例：下部＝鉄骨鉄筋コンクリート造、上部＝鉄筋コンクリート造）

③　多数の人が利用する建築物　　階数が３以上で、延べ床面積1000㎡以上の建築物

解説　耐震診断の費用は、図面の有無、建物の形状、調査の難易度、延べ床面積、階数によって変わってきますので、耐震設計が行える設計事務所に見積りを依頼し、見積根拠を十分に説明してもらうことが大切です。耐震は、診断で終わりではなく、その後、必要に応じて「耐震設計→耐震工事」と段階的に進めます。それぞれの段階で行政による補助金も設定されていますが、補助額は自治体によって異なるため、行政の担当窓口（建築課であることが多い）で説明を受けてください。なお、行政では耐震化がなかなか進まないことから、管理組合に対して説明員を派遣しているところもみられます。

耐震診断を行ったことにより建物の脆弱性が露見し、資産価値が下がると思っている方もいますが、中古としての売買時には耐震診断の実施の有無を明示する義務があるため、昭和56年（1981年）の建築基準法改正を知っている買主であれば、築年度だけで同様の判断をしてしまいます。よって、診断

の有無では資産価値は変動しないことを説明するなどし、管理組合内で十分に意思疎通を図ったうえで耐震診断を実施したほうがよいと思います。

なお、耐震診断・耐震改修の実施については、「財団法人日本建築防災協会」など、国土交通大臣指定の耐震改修支援センターにて、支援が受けられます。

〈コラム――旧耐震の建物と新耐震の建物の強度の違い〉

① 新耐震基準の建物は、震度５強程度の地震では軽微なひび割れ程度にとどめ、震度７程度の地震で倒壊しない。

② 旧耐震基準の建物は、震度５程度の地震で大きな損傷を受けず、震度６弱程度の地震で倒壊しない。

※「倒壊しない」というのは、建物はつぶれてはいないが、補修しても使えない状態も含まれます。

〈コラム――東日本大震災からの教訓～マンション住民が学ぶべきこと～〉

東日本大震災を経験した私たちとしては、被害に遭われたマンションを教訓にし、自らのマンションにも起こる可能性がある問題としてとらえていくことが重要です。建物の耐震性能を定める建築基準法では、人命を守るという観点から大地震時に建物が倒壊しないように耐震性能が定められています。言い換えると、大地震の際に建物が損傷することを前提に考えられています。

東日本大震災では、タイルの剥落や非構造壁（雑壁）の損傷、液状化による外構の損傷などの被害が出ており、住み続けるうえでは新たに補修費用を必要とする被害がみられました。また、専有部分の漏水によって区分所有者同士で損害賠償問題が深刻化しているケースもありました。

復旧については、マンションによって対処法や解決のスピードに違いがあるようで、管理組合の対応（例として、専有部分内の事故であっても管理組合として復旧をサポートするなど）、区分所有者の主体性、修繕積立金の余裕などによって大きく違いが出ているようです。ある事例では、地震で低層階の玄関ドアが歪んでしまったので、管理組合として臨時総会を開き、早期の復旧をめざしましたが、費用負担の問題と日頃の管理組合活動への無関心から、いまだに総会決議ができず、戸締まりができないで困っているという相談を受けました。被害に遭われた住戸は、暫定的に鎖と南京錠によって戸締まりをしていましたが、補修のめどが立たない状況に、大きなストレスと不安を抱えている状況を生んでいます。

ここ数年、耐震化への関心が社会的にも高まっている状況でしたが、東日本大震災の被害からは、安全性だけでなく利用や復旧の観点からも地震に対する備えを考える重要性が示されたように思います。また、被害に遭わなかった管理組合においても、よその被害であっても、積極的に被害の情報をつかみ、管理組合に広めて関心を高めていくことが大切だと思います。

地震のような緊急時に、多くの方が１つ屋根の下で暮らすマンションは、支え合いという観点で大きな利点をもっているはずです。しかし、合意形成ができずに復旧に手間取るマンションがあるのも実態です。安心できるマンションライフのために、原因を知って教訓とし、ぜひ、自らのマンションに活かしていただきたいと思います。

（左）地震によるタイルの落下、（中）雑壁のせん断破壊、（右）玄関脇の雑壁がせん断破壊し、玄関扉の枠が歪んだために戸締まりができない

II　機械設備・電気設備

Q8　電気容量アップ

Q　ブレーカーが切れてしまうという苦情が出ています。電気の容量を大きくしたいのですが、どうしたらよいでしょうか。

A　各住戸の電気容量は新築の設計の時に決められています。マンションの受電設備さえ増容量に耐えられるようになっていれば、各戸が電力会社に電話で問合せをすれば教えてくれますし、申し込めばすぐにブレーカーを交換してくれます。

解説　住民からの容量アップの希望が多く、現状の電気容量では不足する場合、管理組合で電力会社に申請をして増設工事を行います。幹線や開閉器を大きくしなくてはいけない場合もあります。

Q9　赤　水

Q　最近、赤水が出るという苦情がありました。理事会としてはどのような対応をしたらよいでしょうか。

A　赤水の発生原因を特定する必要があります。そのために、各住戸にアンケート調査を行い、全体の状況を把握することから始めましょう。複数住戸で同様の状況が確認された場合は、専門家に相談することをお勧めします。

解説　配管は、35年前はほとんどが鉄管でした。当初はメッキだけで、途中から内部にビニールコーティングをした「ライニング鋼管」が主流になりましたが、管の継手が錆びやすいなど、意外と寿命が短いこともわかってきました。

配管の種類は、鉄、銅、ステンレス、樹脂（ビニールなど）、鋳鉄、鉛などがあり、中でも樹脂管やステンレス管は錆に強い管です。

Q10　給水方式

Q 最近は受水槽を使わない給水方式があると聞きました。どのようなものでしょうか。

A 「直結直圧方式」と「直結増圧方式」があります。

解説 「直結直圧方式」と「直結増圧方式」について、詳しくは次頁〔表2〕を参照してください。

受水槽をなくすメリットは、敷地スペースが有効利用できる、メンテナンス費用がかからないことがあります。デメリットは、災害時などの非常水がなくなることがあり得ます。

高置水槽を残すと従来の配管がそのまま使えます。高置水槽までなくすと、専有部分の耐圧性能、配管材料などを含めて水道局のチェック範囲になります。

〔表2〕 主な給水方式

	概　　要	
直結直圧方式	・道路内の水道本管から水道管の水圧により、直接供給する方式。 ・受水槽、高置水槽等が不要で清掃・点検および維持管理の費用がかからない。 ・停電時でも断水しないが、水道管断水時には供給ができない。	・低層マンションでは利用可能（通常3階程度だが、5階でも可能なところがある）。 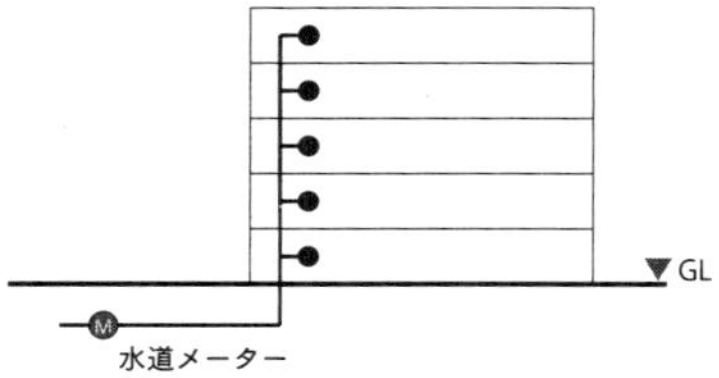
直結増圧方式	・増圧給水ポンプにより水道管の水圧に加圧し、水道本管から直接供給する方式。 ・受水槽、高置水槽等が不要で清掃・点検および維持管理の費用がかからないが、増圧ポンプの清掃・点検および維持管理費用が必要。 ・停電時には上層階で断水が生じる。	・1日最大使用料が50ｔ以下。 ・10階程度までであれば利用可能。 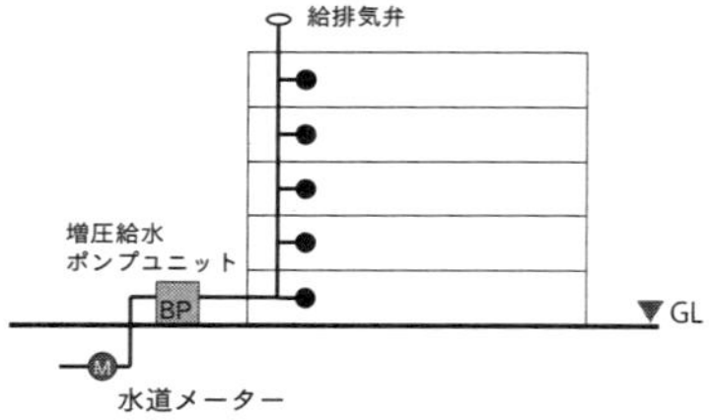
高置水槽方式	・水道本管からの水をいったん受水槽に貯め、ポンプにより高置水槽に送り上げたうえで各戸に給水する方式。 ・停電時の場合でも高置水槽に貯められた水を利用することができる。 ・受水槽、高置水槽等の清掃・点検および維持管理が必要。	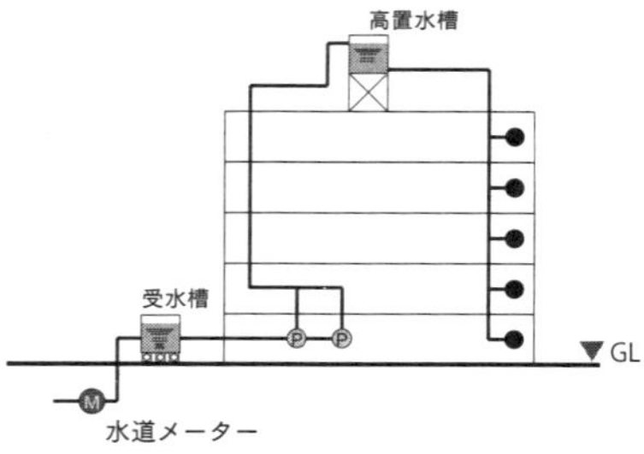

加圧給水方式	・水道本管からの水をいったん受水槽に貯め、高置水槽を設ける代わりに加圧ポンプにより圧送給水する方式。 ・災害時等に断水になった場合でも受水槽に貯められた水を利用することができるが、停電時にはポンプ等が停止するため各住戸への給水ができない。	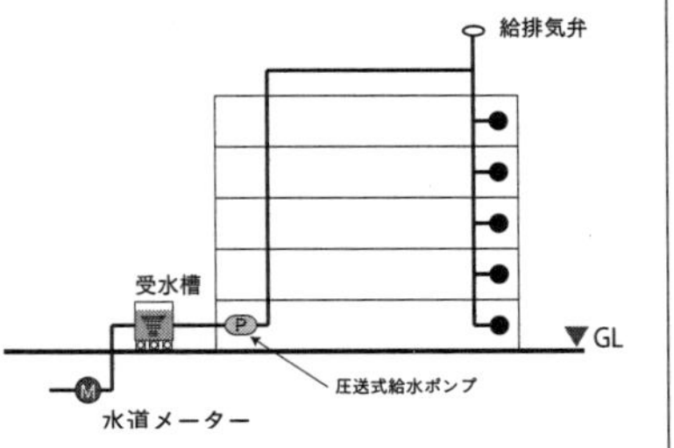

Q11　給水管更新工事

Q 築35年のマンションです。給水配管の交換工事をする場合、埋め込み式と露出式のどちらがよいでしょうか。

改修工事で配管更新工事をする場合、どのような注意が必要でしょうか。

A メンテナンスの点からは露出式のほうがよいでしょう。ただし、生活の場ですので配管がやたらと露出してしまうのも好ましいとはいえません。実際の工事では露出と埋め込みの両方を組み合わせることが多いと思います。

更新工事を行わないで更生工事を行う場合もありますが、延命策の1つとして考えておきましょう。

解説　給水管の工事には2通りの方法があります。更生工事と呼ばれる既存の給水管内部を砂状のもので錆落としをした後に内部をコーティングする工事（ライニング）と、更新工事と呼ばれるすべて新たに引き直す工事です。

前者は既設の配管をそのまま利用しますから、水栓をはずしたりするくらいで済みます。ただし、管の劣化状況によっては採用できない場合があります。

また、ライニングによる更生工事は、管の内径を小さくしますので、回数には限りがある工事となります。

Q12　給排水設備の専有部分の改修

Q ６年前に給排水設備の工事実施が決議されたにもかかわらず放置されてきました。10世帯が組合による実施を待たずに専有部分の更新工事を実施してしまいました。今回、給水管の更新工事を組合が共用部分と専有部分とを一体工事として実施するのですが、すでに専有部分を更新した組合員から工事費の返還を求められています。可能でしょうか。

A このような場合に、管理組合が区分所有者への補償を行う義務はありませんが、総会で補償の実行も含めて決議すれば可能です。

解説　すでに専有部分の修繕を実施している区分所有者への対応として、以下の事例をご紹介します。

① 実施された修繕の内容を把握したところ、全面改修を行った住戸は少なく、ほとんどが部分補修だったため、全住戸で専有部分の修繕を実施した。

② 修繕を実施したという理由で施工を断る住戸に対して、もし漏水が起きた場合はその住戸の責任とする旨の一筆をとった。

③ 実施された修繕が全面改修であることを確認したうえで工事対象からはずし、その住戸に専有部分１戸の工事費に相当する金額として20万円を支払った。

Q13　エレベーターの改修・交換

Q 築25年のマンションです。エレベーター会社より部品がないためにメンテナンスができないと言われました。エレベーターの改修・交換を行う場合の注意点は何でしょうか。

A 必ず相見積もりをとるようにしましょう。

解説　メーカーによって部品の生産を停止することはあるようです。エレベーターの耐用年数は25年から30年といわれます。

改修方法には、全交換と、使える部分を残す制御リニューアルという方法があります。全交換では、他のメーカーを含めて見積りをとることをお勧めします。制御リニューアルでは、当初メーカーとメンテナンスを主体としているメーカー（独立系）から見積りをとることをお勧めします。見積りは、メンテナンス費を含めてとるようにしてください。

〈コラム――メンテナンス契約の種類とその比較〉

	フルメンテナンス（FM）契約	POG契約
契約内容	・約20年間の中で発生すると予測される部品取替えおよび修理を含んだ契約。 ・不時に発生する修理も天災等の場合を除き契約範囲内。 ・ただし、意匠関係（押しボタン、三方枠等）の損傷および傷等は契約範囲外。	・概ね、軽微な取替えが必要と予測される簡便な部品を含んだ契約。 ・意匠関係の損傷、傷等はFM契約と同じ扱い。 ・消耗部品付契約のことで、定期的点検、管理仕様範囲内の消耗品の交換は含まれるが、

		それ以外の部品の取替え、修理は別途料金となる契約方法。
特　徴	・定額の金額でメンテナンスが可能なため、年度内で特別な支出が発生せず、年間予算が作成しやすい。	・主ワイヤーロープ・プリント基盤の取替えが発生した場合は、別途見積りで費用が発生するが、長期的にみれば大幅な経費削減を期待できる。
問題点	・月額の費用が、POG契約と比較して割高になる。	・月額の費用がFM契約と比較して割安な費用となるが、不時に発生する費用について予算を計上しておかなければならない。

第4章　マンション生活とトラブル

～これだけは知っておきたいトラブル解決の必須知識～

【基礎講座】

▷マンションには一戸建てにはないトラブルがある

日本全体でのマンションストックは約562万戸、日本の人口の約１割がマンション住まいといわれています。かつては、マンションは、一戸建てを買うまでのつなぎの住まいであるとか、売却益によってグレードアップしたマンションに買い替えるなどということが喧伝されていた時代もありましたが、今や、マンション購入者の意識は、永住型・終の住処へと完全に変わってきています。安心して快適に、いつまでも住み続けることのできるマンション生活の設計が求められています。

一方で、マンション生活には、一戸建てにはない独特の住民トラブルもつきものです。他人同士が１つ屋根の下に住む共同生活ですから当然といえば当然ですが、深刻な紛争に発展する前に日常のトラブルを賢く解決することが快適なマンションライフのためには必須です。

▷マンション生活の特徴

マンション（区分所有建物）は、１棟の建物の内部が独立した複数の部屋に区分されていて、区分された１つひとつの部屋が独立した所有権の対象となっている集合住宅のことをいいます。マンションを購入するとは、この１棟の建物の中の独立した部屋の所有権者（＝区分所有権者）になることです。民法では、本来１棟の建物には１個の所有権しか認めないのが原則です（一物一権主義の原則）。だから、マンションの法律関係は、本来所有者であれば、建物全体を排他的・絶対的に支配できるところを、いわば無理やり１棟の建物に複数の所有者を認めるものといえます。このため、マンションにおいては、区分所有者といえども他の区分所有者との調整が必要となり、一戸建ての所有者とは異なるさまざまな制約を受けることになります。①共同の利益に反する行為をしてはならない（区分所有法６条１項)、②当然に管理組合の構成員となる（同法３条)、③管理規約による制約を受ける（同法30条）などがその例です。

マンションの所有者になるということは、専有部分にあたる部屋の部分に対する区分所有権のみならず、１棟の建物と敷地（共用部分）に対する権利も同時に手に入れることを意味します。だからこそ、１棟の建物の区分所有者全員が、建物全体の維持管理と快適な暮らしを確保する権利と同時に義務も負担しなければならないのです。

このことを、まず各自が自覚して振る舞うことがトラブル回避のための出発点といえます。紛争の芽を早期に摘み取り、快適なマンション生活を送るうえで、本章が少しでもお役に立てれば、幸いです。

Q１　マンションでのペット飼育

Q マンションでペットを飼いたいのですが、どのようなことに気をつけたらよいでしょうか。
　ペット飼育のマナーを守らない人がいます。管理組合としての対応を教えてください。

A ①マンションを購入する際には、ペットの飼育が可能かどうかをマンション分譲業者、仲介業者に確認してください。中古マンション購入のときは、必ず管理規約を確認しましょう。ペットの飼育が許されているマンションでは、使用細則などで飼育条件やルールが定められているのが一般的です。定められたルールを守ることはもちろんですが、ペットを飼っている人も飼っていない人も、互いに気持よく生活できるように、ペットを飼育している区分所有者の側も、ペットクラブ、ペットの会などをつくって、日頃より飼い主のマナーの徹底を図り、理事会を通じて反対派の人たちの意見に耳を傾けて、トラブルを予防する努力が必要です。

②管理規約や細則で定められた違反者に対する対抗措置（たとえば勧告、警告などの措置）をとっても改めない違反者に対しては、ペットの飼育禁止（差止め）の請求や差止訴訟を提起することもできます（区分所有法57条）。もし、規約でペットの飼育が禁止されている場合には、実害の発生の有無を問わず、差止めが認められる可能性が高いでしょう。規約でペットの飼育が許容されている場合でも、ペットの飼育が「共同の利益に反する」と認められる実害が発生していれば、差止めが認められる可能性があります。規約上ペットの飼育が可能であっても、トラブルが多ければ、細則などで定めている飼育の条件やルールの見直し、また、その徹底を図ることが必要です。それでも解決につながらない場合は、区分所有者および議決権の各４分の３以上の多数による集会の決議（同法31条１項前段）により、ペットの飼育を禁止する管理規約規定を設けることができます。

解説　最近は、動物セラピーが注目を集めるなど、ペットと人間が共存できる環境整備の需要も高まりつつあり、ペット飼育可能の分譲マンションも増えているといわれています。他方、ペットの問題は、動物に対する好き嫌いに個人差があること、動物アレルギーによる身体的被害の問題や、鳴き声による騒音問題、糞尿による汚染や臭いの問題などトラブルが発生しやすいことも事実です。感情的な対立になる前に、具体的に何が問題なのかを冷静に話し合うことが必要です。管理組合が、ペットに関するアンケートなどを行い、苦情や問題点を整理してトラブルの解決策を探る努力も必要でしょう。

管理規約でペットの飼育が禁止されている場合は、同じくペットを飼いたいと思っている仲間を募り、管理規約改正に向けて議論をしていくことから始めましょう。その場合もアンケートなどで、ペットの飼育に反対する理由を知って、問題点を解決する具体的な提案を検討していくことが必要です。

Q２　騒音をめぐるトラブルへの対応

Q　管理組合として、マンションにおける騒音問題についていかに対処すべきかを教えてください。

A　騒音問題の対処は、騒音の種類や原因、騒音の範囲と程度を知ることから始まります。

解説

(1)　騒音の種類と原因

マンションの騒音問題は、①生活騒音、②営業騒音、③外部からの騒音に大別できます。また、発生原因としては、①マンションの設計・施工に問題がある場合、②人為的な原因（フローリングに改造、ピアノの騒音、生活上のマナーや営業上の騒音、外部工事の騒音、その他）と、①②の混合に大別できます。まず、その騒音の原因を調査しましょう。

⑵　騒音の程度

話合いで解決する場合も、まず、騒音の程度を知ることが必要です。さらに、裁判になるような場合は、客観的な騒音の程度（数値）の立証は必要になってきます。自治体によっては騒音測定機器を無料で貸し出しているところもあります。民間で検査測定を請け負うところもあります。

騒音の程度については、環境基本法16条１項に基づく閣議決定「騒音に係る環境基準」（生活環境を保全し、人の健康に資する維持されるべき基準として、昼間55デシベル以下、夜間45デシベル以下としている）や各自治体の定める公害条例の騒音基準を参考にするとよいでしょう。

⑶　受忍限度

騒音問題が裁判所で争われる場合（騒音差止めの仮処分・本裁判・損害賠償請求訴訟など）、当該騒音が一般人の通常の感覚ないし感受性を基準に判断して、騒音が「受忍限度」を超えているかどうかが争点となります。受忍限度を超えているかどうかは、騒音の程度、種類、存続期間、騒音の続く時間や時間帯、騒音を出している側の事情（加害行為の有用性、被害防止の努力、対策費用や対策の簡便性など）と、被害を受けている側の事情（被害の程度など）を総合的に比較考量して裁判所が判断します（東京高裁平成６年６月９日判決（判例時報1527号116頁）ほか）。

Q３　マンションの設計・施工が原因の騒音

Q　マンションの上下階、隣同士での生活騒音が問題となっています。マンションの広範囲で騒音問題が起きており、聞こえる騒音の程度も、通常の範囲を超えています。マンションの設計・施工に問題があるのではないかと考えていますが、対処法を教えてください。

A 被害の程度や範囲からみて、建物の構造上（設計・施工）の問題であると疑われる場合は、管理組合として専門家に調査を依頼し、販売会社に対し補修工事や損害賠償を請求します。

解説

(1)　補修・損害賠償請求

建築基準法30条、同法施行令22条の３は、境界壁の遮音性について規定しています。また、住宅の品質確保の促進等に関する法律（品確法）で住宅性能表示制度が設けられ、日本住宅性能表示基準（品確法２条３項・３条）が定められました。日本建築学会でも遮音性能基準を定めていますので、専門家に相談するなどして、まず自分のマンションの遮音性能に問題があるかどうかを調査し、問題が認められる場合は、分譲業者の責任に対して、補修工事や損害賠償を請求します。

話合いで解決できないときは、分譲業者に対して、瑕疵担保責任（民法570条）や債務不履行責任（同法415条）、不法行為責任（同法709条）に基づき、損害賠償（財産的損害、精神的損害）請求訴訟を起こすことになります。

(2)　参考判例

福岡地裁平成３年12月26日判決（判例時報1411号101頁）は、JR鹿児島本線の貨物列車の騒音事案で、防音性能の劣るマンションの売主に対する債務不履行を認めました。このケースは、モデルルームによる見本売買であり、パンフレットやセールストークで、防音性能を特に強調していたことが決め手となっています。ただし、債務不履行に基づく損害賠償請求は、下落した価格相当の損害の立証がないとして棄却され、不法行為に基づく慰謝料請求のみが認められました。

Q４　生活騒音のトラブル

Q マンションの上階で、床をフローリングにするリフォーム工事を行いました。その後、子どもの飛び跳ねる音、物の落下音、椅子を引く音などの生活騒音がひどくて、夜も眠れません。

A まず、騒音の原因と範囲、程度を明らかにしましょう。当事者間の話会いで解決しない場合は、訴訟になりますが、差止認容判決が出る可能性はほとんどないのが現状です。騒音トラブルの予防が重要です。

解説

(1)　生活騒音トラブルの対処法

隣同士や上下階の生活騒音トラブルは、人為的な原因によることがほとんどであり、生活面でのマナーや子どもに対するしつけ方の改善、防音マットや防音材を敷く・張るなどの措置で改善が見込める場合もあると思います。管理組合の名前で居住者一般向けに張り紙やニュースで生活騒音への注意を繰り返し呼びかけるとよいでしょう。住民間で家族構成などを知っている仲なら、「お子さんが走れるようになったようだね」などというニュアンスで婉曲に騒音の発生を伝えることもでき、感情的な対立にはなりづらいものです。逆にどんな方が住んでいるのかを知らない場合は、少しの物音でも気になるものです。住民間でコミュニティをつくることも１つの有効な対策でしょう。

改善されない場合は、管理組合が間に入って話会いの仲裁役を果たすことも考えてください。それでも解決しないときは、当事者間で弁護士会のあっせん・仲裁センター、裁判所の調停手続等を利用して解決が図られることとなります。騒音差止めの仮処分や差止訴訟、損害賠償請求訴訟（改良工事の施工業者や騒音を出している住民を被告とするもの）は、当事者双方にとって負担が重く、現状では、差止めが認められることは困難で、損害賠償が認められるケースも多くはないので、訴訟により被害（ないし被害感情）の回復を図ることは極めて難しいと考えるべきでしょう。

⑵　騒音トラブルの予防

騒音トラブル防止のために、規約で、リフォームを行う場合にはあらかじめ理事会に申請して承諾を得ること（マンション標準管理規約17条）とし、理事会があらかじめ工事の必要性やその方法の妥当性、建材の遮音性能等についてチェックできるようにしておくとよいでしょう。

また、使用細則でピアノなどの使用時間に規制をするなど、生活騒音被害防止のためのルールを定めておくことも必要でしょう。

Ｑ５　水漏れ事故

Q 天井から水漏れがあり、室内や家具に被害を受けました。誰に対して、損害の賠償を請求すればよいのでしょうか。

A 水漏れの原因と箇所により、責任追及の相手方が決まります。水漏れの原因には、①配水管等の損傷や老朽化によるもの、②工事の瑕疵によるもの、③人為的なミス（蛇口の閉め忘れや配水管の詰まりなど）によるものが考えられます。一般的にいうと、②や③の場合は工事会社や蛇口を閉め忘れた人、配水管を詰まらせた人に対して不法行為に基づく損害賠償請求（民法709条）をすることになります。いずれの場合も、漏水させたことについて過失がある場合に限り、相手方が損害賠償義務を負うことになります。

これに対して①の場合は、水漏れ箇所が専有部分か共用部分かによって、請求の相手方が異なります。

解説　①の場合、水漏れを起こした配水管が共用部分であれば、管理組合に対して補修工事や損害賠償の請求を行います。管理組合は共用部分の管理について責任を負っていますので、たとえば大地震など予測の範囲を超える災害で配水管が損傷した場合のように、管理組合の管理に過失が認められない場合や、配水管の設置･保存の瑕疵にはあたらない場合も、管理組合は配水管の損傷箇所の補修工事を行う義務があります。しかし、管理組合が損害賠償義務を負うためには、配水管の「設置・保存」に「瑕疵」があることが必要です（民法717条１項、工作物責任）。工作物責任は、第１次的には占有者が責任を負い、占有者が損害の発生を防止するための注意を払っていたこと（無過失）を立証した場合には､所有者が責任を負います（無過失責任）。マンションの共用部分は原則として区分所有者全員が占有者であり所有者となりますので、結局、区分所有者全員（管理組合）が責任を負うことになります。

漏水した配水管が専有部分である場合は、その配水管の占有者または区分所有者に対して、民法の土地工作物責任（民法717条）を追及することとなります。配水管が専有部分か共用部分かは、通常、管理規約で定められています（マンション標準管理規約７条･８条）が、最高裁平成12年３月21日判決（判例時報1715号20頁）は、「本件排水管は、その構造及び設置場所に照らし、建物の区分所有等に関する法律第２条４項にいう専有部分に属しない建物の附属物に当たり、かつ、区分所有者全員の共用部分に当たると解するのが相当」と判断しました。当該の排水管と建物全体の関係に着目して、排水管本管との一体的管理の必要性、枝管の安全性を維持することは建物区分所有者全員の利害にかかわるなどの共同維持管理の必要性を重視した判決で、妥当な判断といえます。

Q6　ルールを守らない賃借人に対する対応

Q　私のマンションでは、専有部分を賃貸するケースが多く、ごみ出しのルールを守らず、夜中に騒ぐなど、日常生活上のトラブルも生じています。専有部分の賃貸・転貸を制限することはできますか。対処法を教えてください。

A　区分所有権も所有権である以上、所有者が第三者に賃貸することは自由です。賃貸人が承諾している場合は、賃借人が、さらに又貸し（転貸借）することも可能です。管理規約で賃貸や転貸自体を禁止することはできません。ただし、賃貸人や転借人も、管理規約に定められた使用のルールを守る義務があります。違反がはなはだしい場合は、違反行為の差止めや契約の解除、専有部分の引渡請求などの措置が認められています。

解説

⑴　ルールを守らない占有者への対策

賃借人、転借人らはマンションの使用方法について、「区分所有者が管理規約又は集会の決議に基づいて負う義務と同一の義務を負う」（区分所有法46条２項）とされています。また、建物の保存に有害な行為や他の区分所有者の共同の利益に反する行為をしてはならないことは区分所有者と同様です（同法６条３項）。したがって、占有者が、管理規約等に違反するなどの行為をする場合は、規約に定める対応措置をとることができます。それでも改善がない場合は、違反行為の差止め（同法57条４項）や、賃貸借契約の解除並びに引渡請求訴訟の提起が考えられます。

賃貸人（区分所有者）の協力が得られる場合は、当該賃借人の義務違反行為を是正させるように求め、それでも改善されない場合は、賃貸人の責任で賃貸借契約を解除することを検討してもらうことも必要です。

⑵　契約解除・引渡請求（区分所有法60条）

区分所有法60条１項は、①賃借人などの占有者が、②他の区分所有者の共同の利益に反する行為をするかまたはそのおそれがある場合、②その違反行為による共同生活上の障害が著しく、③他の方法によっては障害の除去が困難なとき、④区分所有者および議決権の各４分の３以上の多数決によって、契約解除と専有部分の引渡しを求める訴訟を提起することができると定めています。この場合には、占有者に対し、総会であらかじめ弁明する機会を与えることが必要です（区分所有法60条２項・58条３項）。

Q７　マンションを賃貸する場合の注意点

Q 賃貸借、転貸借のトラブルをあらかじめ防止する方法を教えてください。

A 管理規約で賃貸や転貸自体を禁止することはできません。ただし、管理規約で、専有部分を第三者に賃貸する場合は、あらかじめ理事会に届出をして承認を受けるなどの制限を設けることは有効です。

解説

(1)　特約条項や管理規約による定め

自分のマンションを人に貸す場合には、マンションの管理規約等の遵守義務があることを賃借人に説明し、義務に違反した場合は賃貸借契約を解除できる旨を明記しておくとよいでしょう。賃借人や転借人の義務違反行為を知って放置していると、賃貸人である区分所有者自身が、管理組合からマンションの使用禁止や損害賠償請求の訴訟を提起される場合もあり得ます。

管理規約で、専有部分を第三者に賃貸する場合は、あらかじめ理事会に届出をしてその承認を受けなければならないことや、賃貸人（区分所有者）は規約や使用細則で定める事項を賃借人に遵守させなければならないことを定め、遵守するという賃借人等の誓約書を提出させるなどの措置をとることも有効です（マンション標準管理規約19条参照）。

また、店舗の賃貸等では、特に賃貸できない業種などをあらかじめ規約で定めておくことが必要でしょう。

⑵　**占有者の意見陳述権**

総会の議題の内容が、賃借人などの占有者の利害にかかわる場合には、占有者は、総会に出席して意見を述べることができます（区分所有法44条1項）。この場合、招集者は、区分所有者に総会の招集通知を出した後、遅滞なく、総会の日時、場所、議題や議案の要領（同法35条5項）をマンション内の見やすい場所に掲示しなければなりません（同法44条2項）。

総会で意見を述べることができるのは、「区分所有者の承諾を得て占有する者」で、不法占有者が含まれないことは当然です。また、占有者に議決権はありませんが、区分所有者から委任状を得て議決権の代理行使をすることは考えられます。

Q8　不在区分所有者へ管理組合運営の賦課金を課すことは可能か

Q　私のマンションは、第三者に賃貸して、自身はマンションに居住しない不在区分所有者の割合が高くなっています。管理規約では、理事の資格は区分所有者およびその家族に限られており、居住者の高齢化も相まって、管理組合の役員のなり手が限られ、管理組合の運営に支障が生じています。対策として不在区分所有者に金銭的負担を求めたいのですが可能でしょうか。

A　最高裁平成22年1月26日判決（判例時報2069号15頁）の事案は、総戸数868戸中170戸ないし180戸が不在組合員である団地型マンションで、不在組合員に月額1万7500円の管理費等に加えて月額2500円の住民活動協力金の支払義務を定めた規約の効力が争われました。最高裁判所は、「居住組合員だけが……不在組合員を含む組合員全員のために本件マンションの保守管理に努め、良好な住環境の維持を図っており、不在組合員は、その利益のみを享受している状況にあった」、「マンションの管理組合を運営するに当たって必要となる業務及びその費用は、本来、その構成員である組合員全員が平等にこれを負担すべきものであって、上記のような状況の下で……不平等を是正しようとしたことには、その必要性と合理性が認められないものではない」として、不在組合員に住民活動協力金の負担を求めた規約変更は、「特別の影響を及ぼす場合」にはあたらないとしました。

解説　最高裁平成22年１月26日判決は、不在区分所有者に対する特別の賦課金を課すこと一般を是認したものではないことに注意が必要です。当該団地の成り立ち、当該管理組合・自治会活動の歴史と特殊性、反対している不在居住者の割合、賦課金の額などを総合的に考慮して出された判断であることを忘れてはなりません。

管理組合の役員のなり手が少ないという問題は、不在区分所有者の多い少ないにかかわらず、多くのマンションが抱えているといわれています。自らの財産および良好な居住環境を守る管理組合の役割を再認識し、区分所有者の自覚の醸成を図るとともに、マンション管理士などの専門家や管理会社、行政サービスを賢く利用して負担を軽減し、地域コミュニティとの連携を図るなど、楽しみながら管理組合の活動に参加できるような工夫が求められているといえます。

Q9　駐車場をめぐる問題

Q ①マンションの駐車場に、行方のわからなくなった人の自動車が放置されており、対処に困っています。

②マンション分譲時に駐車場の分譲を受けたとする区分所有者が、管理組合に使用料を払わずにマンションの駐車場を使用しており、駐車場を使用できない区分所有者から不公平だという不満が出ています。管理組合としての対応を教えてください。

③マンションの機械式立体駐車場のメンテナンスや修繕に費用がかかり、駐車場使用料も、近隣の駐車場に比べて安くないため利用者が減り続けています。月極めの賃貸駐車場として外部者に貸すことは可能でしょうか。また、立体駐車場を取り壊して、空き地を花壇にするには、どうしたらよいでしょうか。

A ①自動車の所有者を被告とする滞納使用料金請求並びに駐車場の明渡請求の裁判を提起し、勝訴判決を得てから、強制執行により自動車の撤去、処分をすることが必要です。

②分譲の際に対価を払って駐車場の分譲を受けている場合も、賃料を前払いして、管理組合から駐車場を借りている（駐車場の専用使用権を設定する賃貸借契約）と同様の法律関係と考えることができます。したがって、分譲業者に支払った駐車場分譲代金額が、それまでに使用した客観的に相当な駐車場料金総額を下回るときは、分譲を受けたとする区分所有者の承諾を得ることなく、管理規約や総会決議で正当な駐車場料金を設定して請求する（有料化を図る）ことも可能です。

③外部の第三者に駐車場を賃貸する行為は、「共有物の管理行為」にあたり、総会の普通決議があれば可能です。管理規約で、理事会決議によるなどの特別の定めをおくこともできます。その場合、賃貸借契約期間を短期にするなどの注意も必要です。立体駐車場を取り壊して花壇にする行為は、共用物の

形状・効用を著しく変更する行為にあたり、総会の特別決議が必要です。

解説

(1)　放置自動車

所有者が使用料を払わないまま駐車場に放置している自動車であっても、管理組合が勝手に処分することは許されません（自力救済の禁止）。所有者に対して、滞納している駐車場使用料金と自動車の明渡しを求める裁判を提起して、勝訴判決に基づき強制執行をすることが必要です。所有者の現住所が不明の場合は、公示送達という手続により裁判を提起することができます。たとえば、ナンバープレートが取りはずされているなどして、車の所有者自体が不明の場合は、警察に相談してください。

(2)　いわゆる分譲駐車場問題

分譲業者が、マンション購入者から分譲代金を取得して共用部分である駐車場を「分譲」する商売が横行し、後日トラブルを発生させています。最高裁判所は、分譲駐車場の法的性質につき、管理組合との専用使用権設定契約に基づく債権的な権利と同質の権利にすぎないことを前提に、「専用使用権は、区分所有者全員の共有に属するマンション敷地の使用に関する権利であるから、……管理組合……は、……規約又は集会決議をもって、専用使用権者の承諾を得ることなく使用料を増額することができる」とし、使用料の増額が、区分所有法31条後段の「特別の影響を及ぼすべきとき」にあたるかどうかについて、「使用料の増額は一般的に専用使用権者に不利益を及ぼすものであるが、増額の必要性及び合理性が認められ、かつ、増額された使用料が当該区分所有関係において社会通念上相当な額であると認められる場合には、専用使用権者は使用料の増額を受忍すべきであり、使用料の増額に関する規約の設定、変更等は専用使用権者の権利に『特別の影響』を及ぼすものではないというべきである」（最高裁平成10年10月30日判決（シャルマンコーポ博多事件。民集52巻7号1604頁）としました。

(3)　駐車場の賃貸・変更

管理組合は、「建物並びにその敷地及び附属施設の管理を行うための団体」（区分所有法３条）と規定されていますので、管理組合の活動は、共用部分の管理行為に限られます。管理行為には、①保存行為（現状を維持する行為：同法18条１項ただし書）、②共用部分の形状または効用を著しく変更する管理行為（同法17条１項）、③①②を除く狭義の管理行為（同法17条１項）があります。駐車場を外部者に貸し出す行為は、狭義の管理行為にあたると解されており、総会の普通決議で可能です。ただし、契約期間が長期であったり、解約が困難な約定があるなど、「処分行為」と同視されるような契約は、区分所有者全員の合意がない限り許されません。

ただし、駐車場を賃貸する場合、管理組合が収受する賃料は課税対象となり、共益費とは区分して申告する必要があるため、その分税務処理が煩雑になります。これを会計士に依頼する場合にはその費用もかかることになるため、賃貸する部分が相応の数でないと赤字になるケースもあるので慎重な判断が必要です。

機械式立体駐車場を取り壊して花壇にする行為は、共用部分の形状または効用を著しく変更する管理行為にあたり、総会の特別決議が必要です。逆に敷地の空き地部分や花壇を駐車場にするときも、総会の特別決議が必要です。

Q10　リゾートマンション特有の問題

Q　リゾートマンション特有の問題について教えてください。

A　ひとくちにリゾートマンションといってもいろいろあり、問題もさまざまです。バブル経済期に、投資型マンションとして売り出されたものの大量に売れ残りが生じ、あるいはその後のマンション価格の暴落により、購入者（区分所有者）がマンションを処分できず、管理費等が大量かつ長期に未納となっているようなケースが１つの典型例です。そうではない優良なリゾートマンションにおいても、性質上、居住区分所有者が少ないため、マンションの管理に支障が生じているケースが考えられます。

解説

投資型マンションで売れ残りが生じているようなケースでは、分譲業者自体が倒産していることも多く、分譲業者に対して管理費・修繕積立金を請求することができず、また、区分所有者の中にも管理費・修繕積立金について支払意思のないケースがしばしばみられます。マンション価格の暴落のため競売によっても資金回収の可能性がないため、抵当権者も競売をせずにそのまま放置しているケースや、区分所有法59条に基づき管理組合が競売請求をしても、滞納管理費・修繕積立金が多額のため買い手がつきにくいケースもあります。そもそも、このようなリゾートマンションの場合、管理組合が存在しても十分に機能していないためにスラム化の進行が懸念されます。また、管理組合が機能しないため、管理会社が管理者となっているケースもありますが、さまざまな問題が発生しています。

優良なリゾートマンションにおいても、居住する区分所有者が少ないため、管理組合の運営に支障が生じがちです。たとえば、規約で、管理組合の役員を居住する区分所有者に限定している場合には、居住する区分所有者に役員負担について不満が出ることがあります。また、役員を居住する区分所有者に限定しない場合には、理事会の開催地をリゾートマンションにすると往復の交通費がばかになりません。この場合、役員の報酬や実費負担の公平化対策が必要となります。また、管理会社に管理を委託している場合、管理組合によるチェックが甘いと、管理委託費が高額のまま据え置かれたり、修繕積立金が管理会社の利益追求の対象になりかねないなどのさまざまな問題が生じます。

Q11　住民同士のコミュニティづくり

Q マンションの住人同士の交流がありません。隣の人のこともお互いによく知らないような状態です。町内会の活動も、管理組合としては参加していません。

マンションの中でも、地域の中でも、住民が孤立して生活している状態を変えたいと思っています。マンションの住民同士が、仲よくなれるコミュニティづくりの方法を教えてください。

A 最近では、マンションを終の住処と考えている人が増えています。安心して快適なマンション住まいをするためにも、隣り近所のお付き合いは大切です。また、箱（建物）の中だけでコミュニティが完結すると考えるのも誤りです。マンションに住んでいても、地域社会の一員であることの積極的な自覚が必要です。まずは、管理組合が中心となって、季節の行事を催したり、地域の自治会と連携して、お祭りやバザーなどの行事に参加してみてはいかがでしょうか。

解説　国土交通省の調査によると、マンションを終の住処と考えている人は、昭和55年にはマンション居住者の２割にすぎませんでしたが、平成20年には５割にまで増えています。かつては、マンションライフはわずらわしい近所付き合いから解放されて気楽であるなどといわれた時代もありましたが、今はそうとばかりはいえなくなっているのが実情でしょう。長く住み続けることを考えると、隣近所とは一切お付き合いがないというのも不自然であり不健全です。居住者の高齢化の傾向も相まって、マンション住民同士のコミュニティ形成の重要さがあらためてクローズアップされています。遠い親戚より近くの他人、向こう三軒両隣に引っ越しそばを配ってご挨拶といった、かつての日本の庶民の「文化」「智恵」をもう一度見直す時期がきているのかもしれません。

とはいえ、何事もきっかけが必要です。まずは、管理組合が、意識的に折に触れた行事（たとえば、お花見、納涼会、餅つきなど）を企画して参加を呼びかけてはいかがでしょうか。また、高齢者の知識や経験を活用して若い世代と交流できるような企画（たとえば、子育ての悩み相談や、日曜大工教室など）や、お祭りの参加、バザーの開催など、地域の自治会などとタイアップして企画を考えるのもお勧めです。特に、子どもが参加しやすい行事は、人が集まりやすいので、クリスマスツリーや七夕の飾り付けなどから始めるとよろしいでしょう。ただ、どのような場合でも集める人が必要ですが、1人きりでは長く続きません。賛同者を集め、楽しみながら長く続けていくことが大切です。

Q12　住民の高齢化の問題

Q マンションの住民の高齢化が進んでいます。高齢者のひとり暮らしも多く、管理組合としても、見守り活動など住民の高齢化に対応する活動を提起したいと考えています。アドバイスをお願いします。

A マンション居住者の高齢化も確実に進展しています。認知症、孤独死、親の介護など、若いときには考えない、ともすれば後ろ向きなイメージの高齢化問題を、住まいと人権の観点、マンション・コミュニティの観点でとらえ直して、自治体や国の政策に反映させていくことが重要といえます。

解説 国土交通省の居住者の世帯主年齢調査によると、平成20年度には、60歳以上が約4割を占め、50歳代以上では約65％、40歳代以下が約35％と高齢化が進んでいます。高齢化の問題は経済的な問題とも連動します。年金生活者が増えると、通常は管理費等の増額が困難になり、適切なマンションの維持管理に支障が出ることもあります。高齢に伴う経済的問題を、個人や管理組合の自助努力の問題として片づけることは政治の貧困といわざるを得ず、政府には、高齢者の住まいの権利を厚く保障する欧州各国の例を参考にしてもらいたいものです。

とはいえ自衛策としては、新築マンションの頃から長く住むことを前提に、居住者の多くが現役世代のうちに、将来のマンション維持管理費用や建替え費用なども見越した管理組合としての財政計画が不可欠です。また、高齢化の進んだマンションでは、管理組合の役員のなり手も不足します。質の高い専門家によるコンサルタント業務や管理運営の手助けが気軽に受けられる体制が望まれるところです。

また、日頃からマンション住民同士あるいはマンションと地域社会とのコミュニティづくりの努力も必要です。自治体や民生委員、介護機関、医療機関、その他の専門家、地域ボランティア団体などと連携を図りながら、ハード面（たとえば、エレベーターや手すりの設置、室内のバリアフリー改装など）およびソフト面（緊急連絡体制、声かけ、日常生活の手助けなど）で、誰もが高齢になっても安心便利に住み続けることのできる体制や環境整備を考えていくことが理想です。まずは、地域包括支援センターなどの機関に、相談してみてはいかがでしょうか。

Q13　管理費の決め方

Q 管理費の決め方を教えてください。

A 管理費とは、共用部分、敷地、附属施設の維持管理費用や管理組合の運営費用など、管理組合がするマンションの管理全般に使われる費用をいいます。管理費の額は、総会の普通決議により定めます。各区分所有者の負担割合は「持分＝専有部分の床面積割合」によるのが原則です。

解説

(1)　管理費とは

管理費、修繕積立金について、区分所有法は定義を定めていませんが、管理費とは、一般に、共用部分、敷地、附属施設の維持管理費用や管理組合の運営費用など、管理組合がするマンションの管理全般に使われる費用をいい、修繕積立金は、将来行われる計画的修繕や災害などの緊急の場合の修繕などに備えるために積み立てられるお金をいいます。管理費、修繕積立金、専用使用料など、管理組合が区分所有者に請求し、月々定期的に徴収するお金のことをあわせて「管理費等」と呼ぶことがあります。

区分所有法19条は、「各共有者は、規約に別段の定めがない限りその持分に応じて、共用部分の負担に任じ、共用部分から生ずる利益を収取する」と定めており、区分所有者である限り、当然に管理費支払義務を負うことになります。

(2)　管理費の定め方

区分所有法18条１項は、「共用部分の管理に関する事項は、……集会の決議で決する」と定めていますので、管理費は、総会の普通決議で定めることができます。ただし、原始規約で管理費の金額が定められているときは、規約改正には区分所有法の強行法規が優先しますので、それを改定するためには、区分所有者および議決権の各４分の３以上の賛成が必要となり、管理費の値上げが困難になる状況が見受けられます。そのような場合には、まず、管理費の金額はそのままにして、管理費を規約事項としている規定を削除することから始めるのがよいようです。

Q14　管理費の負担割合に差を設けることはできるか

Q 等価交換方式のマンションで、元地主が１階の店舗部分を所有し、２階以上が住居部分として分譲されています。原始規約で、元地主の管理費が住居部分と比べて不当に低廉に定められているため、規約改正により改めたいと考えています。専有部分の用途（店舗・住居）の違いにより、管理費の負担割合に差を設けることは可能でしょうか。

A 区分所有法19条は、「各共有者は、規約に別段の定めがない限りその持分に応じて、共用部分の負担に任じ、共用部分から生ずる利益を収取する」と定めており、管理費の負担割合は、原則として「持分割合＝専有部分の面積割合」によります。ただし、規約で別段の定めをすることができます。修繕積立金についても同様に考えられています。

管理費等の負担の差異がどこまで許容されるかは、当該差異が合理的と評価できるか否か、という観点から総合判断せざるを得ず、許容範囲を数値化することは困難です。しかし、区分所有法19条の趣旨および規約の内容について区分所有者間の利害の衡平を図らなければならないとする同法30条３項からすれば、たとえば専有部分の面積割合による負担とされているにもかかわらず、他と比較して２倍以上の格差がある場合には無効となるものと考えられます。専有部分の用途別に管理費等に差を設けることは、合理的な理由があれば２倍以上の格差も有効とした判例があります。

解説 住居部分と店舗部分では、たとえば、不特定多数の人が出入りするなど、共用部分や敷地の利用状況や態様が異なるなどの合理的な理由がある場合には、管理費の負担割合に差を設けることも一般に許容されています（東京地裁昭和58年５月30日判決（判例時報1094号57頁）は、店舗部分について、住居部分の２倍以上の管理費を定めた規約を有効としています）。

どのくらいの差までが有効となるかはケースによります。ただし、使用頻度の立証となるとなかなか困難な面もあり、判例の傾向としては使用頻度の差は、管理費に差を設ける合理的理由とはならないとする傾向がありそうです（東京高裁昭和59年11月29日判決（判例時報1139号44頁））。

また、法人と個人で、管理費に差を設ける総会決議の有効性が争われた事案では、負担能力の差は、合理的な理由とならないとして、法人と個人1.72対１、1.65対１の差異を設けた総会決議を無効としています（東京地裁平成２年７月24日判決（判例時報1382号83頁））。

平成14年の法改正で新設された区分所有法30条３項は、「規約は、専有部分若しくは共用部分又は建物の敷地若しくは附属施設……につき、これらの形状、面積、位置関係、使用目的及び利用状況並びに区分所有者が支払った対価その他の事情を総合的に考慮して、区分所有者間の利害の衡平が図られるように定めなければならない」としていますので、今後、事例の集積が待たれるところです。

Q15　一部共用部分を理由とする管理費等の支払拒否への対応

Q　1、2階が店舗、3階から13階までが住宅の複合型のマンションです。

1、2階と3階以上では管理会社も違います。1、2階の店舗所有者が「エレベーターを使っていない」などとして、管理費と修繕積立金を支払ってくれません。どのように対応したらよいでしょうか。

A　エレベーターが一部共用部分にあたるかが問題となります。建物の構造上１、２階の区分所有者の専有部分と当該エレベーター室が構造上明確に分離されているとか、店舗所有者のエレベーター使用が規約等で禁止されているなどの特別な事情がない限り、一部共用部分にはあたらないと考えます。１、２階の区分所有者が、エレベーターを使用する頻度は低いとはいえ、たとえば、屋上や屋上設置施設の管理のためにエレベーターが使用されることもある以上、一部の区分所有者のみの共用に供されることが明らかとはいえないからです。

解説　一部の区分所有者のみの使用に供する共用部分を一部共用部分といいます（区分所有法11条１項ただし書）。一部共用部分か全体共用部分かの判断について、裁判所は以下のように述べています。

「（区分所有法11条１項ただし書）の趣旨は、元来、各区分所有者ないしその専有部分と共用部分との関係は、位置関係、使用度、必要性等さまざまであるが、これら関係の濃淡、態様を細かに権利関係に反映させることは困難であり、相当でもなく、むしろ、建物全体の保全、全区分所有者の利益の増進、法律関係の複雑化の防止等のため、ある共用部分が構造上機能上特に一部区分所有者のみの共用に供されるべきことが明白な場合に限ってこれを一部共用部分とし、それ以外の場合は全体共用部分として扱うことを相当とする」ことにあるとして、１階の玄関ホール、階段室、エレベーター、非常用階段、管理員室は、１階店舗所有者の専有部分と完全に分離されたものではなく、同人の専有部分の使用に必要不可欠の部分であって、構造上・機能上一部区分所有者のみの共用に供されることが明白だとはいえないから全体共用部分であるとしました（東京高裁昭和59年11月29日判決（判例時報1139号44頁））。

Q16　管理費等滞納者への対応

Q　管理費を払わない区分所有者がいて困っています。役員で訪ねて払ってくれるように説得していますが払ってくれません。法的な措置も含めて対応を教えてください。

A　規約や総会で決めた制裁措置を講じても管理費等を支払わない区分所有者に対しては、法的措置をとることになります。

解説

(1)　裁判所外の措置

まず、規約等で定める対応措置を検討します。遅延損害金の定めがあればそれを合わせて請求したり、裁判になった場合の弁護士費用の負担を定めていれば、そのこともあらかじめ警告するなどして支払いを促しましょう。

内容証明による請求は、弁護士名であったり、訴訟を予告したりすることで、回収の効果をあげることもありますが、元来内容証明は、いつ、どのような請求をしたかを証明する手段となるものにすぎず、特別の法的な効果があるものではありません。内容証明による請求により、時効は中断しますが、６カ月以内に訴訟提起などの強力な時効中断手段を講じないと中断は認められません。

何度催促しても支払わない区分所有者に対して、水道や電気ガスの停止措置が許されるかが問題となりますが、ライフラインを絶つような措置は、権利濫用として許されないでしょう。

また、滞納者の名前の公表等について、名誉毀損（不法行為）にあたらないとした判例もありますが、慎重な配慮が望まれます。管理費等を支払えない理由が経済的な理由にある場合は、名前の公表はほとんどの場合無意味であり、別の対応をとるべきでしょう。

話合いの過程で、滞納管理費等の（一部）免除を求められることもあります。安易に免除や放棄に応じることは、他の区分所有者の利益を害し、不公平な扱いにもなることから慎むべきです。ただし、後述のとおり、先取特権による差押えや勝訴判決を得ても滞納管理費等全額の回収が図れるとは限りません。手間と費用と回収可能性を勘案して、遅延損害金の免除や滞納管理費の長期分割など、和解により任意の弁済を促すほうが得策の場合もあります。判断に迷うときは弁護士に相談してください。免除や放棄の手続は、管理規約に特別の定めがある場合を除き、管理費等の増額の場合に準じて、総会の普通決議によるべきでしょう。

⑵　法的措置

法的措置としては、まず支払督促が考えられます。支払督促は、①印紙代が通常裁判の２分の１、②証拠が不要、③２週間以内に異議が出ないと判決と同様の効力をもつ、④確定すれば時効中断事由となるなどの長所もありますが、住所不明の場合は公示送達制度の適用がないことや、管轄が滞納者の住所地の簡易裁判所となるなど短所もあります。

管理費等を滞納している区分所有者の専有部分や備え付けた動産に対して先取特権（債務者の財産について、他の債権者に優先して自己の債権の弁済を受けることのできる担保物権）を行使することも可能です（区分所有法７条）。先取特権は、①判決（債務名義）が不要、②賃料債権へ物上代位（賃料から優先弁済を受けること）できるなどの長所もありますが、抵当権には劣る（後順位）ため、無剰余の場合は使えません。すなわち、先取特権に基づき競売の申立てをしても、抵当権が担保する住宅ローン等が競売代金から支払われた後に剰余が出ないときは、競売手続は取り消されるのが原則です（民事執行法63条２項、剰余主義）。これに対し、区分所有法59条に基づく競売請求は、剰余主義の適用がないことから、滞納管理費等回収の有効な手段の１つといえます。詳しくはQ18で説明します。

管理費の支払請求訴訟は、①心理的圧力を加えて支払いを促す、②裁判上の和解で解決する、③時効の中断措置となるなどの意義をもちますが、先取特権が認められている以上、強制執行をするため（債務名義取得）の手段としては無意味です。すでに競売開始となっているような場合は、競落人（特定承継人）に対して滞納管理費等を請求できます（区分所有法８条）ので、やはり裁判で債務名義をとる必要もありません。

裁判所での話合いによる任意の支払いが期待できるケースであれば、民事調停を申し立てる方法もあります。①申立費用も安く、②調停証書には確定判決と同様の効果が認められ、③調停の申立てに時効中断の効力が認められるなどの長所があります。

Q17　滞納管理費等を特定承継人や賃借人に請求できるか

Q ①区分所有法7条・8条で保護される管理費の中には、修繕積立金や駐車場使用料も含まれますか。また、集会で定めた債権がある場合、そのマンションを譲り受けた人に対しても請求できますか。

②区分所有者（賃貸人）から管理費等の支払いがありません。代わって賃借人に対して請求できますか。

A ①共有物の管理に関する費用といえる場合は、特定承継人に請求できます。

②管理費等を負担するのは区分所有者の義務で（区分所有法19条）、賃借人等の占有者は管理費等支払義務を負いません。賃借人に負わせることを規約や総会決議で定めても無効です。ただし、先取特権（区分所有法７条）に基づき賃料を差し押さえることが可能です。また、契約により、直接賃借人から管理費等を徴収できる旨を定める方法もあります。

解説

(1)　特定承継人に対する請求

区分所有法８条は、①「共用部分、建物の敷地若しくは共用部分以外の建物の附属施設につき他の区分所有者に対して有する債権」、②「規約若しくは集会の決議に基づき他の区分所有者に対して有する債権」、③「管理者又は管理組合法人がその職務又は業務を行うにつき区分所有者に対して有する債権」（同法７条１項）については、区分所有者の特定承継人に対しても行うことができると定めています。

特定承継人とは、マンションの管理費等を滞納している区分所有者から、そのマンションを購入した人（法人を含む）や競売により区分所有権を取得した人（法人を含む）をいいます。これに対して、相続人は包括承継人と呼ばれ、被相続人のすべての債務をそのまま承継するのが原則です。

区分所有法７条・８条を文字どおりに解釈すれば、規約もしくは集会の決議で定めておけばすべて、特定承継人に対して請求できることにもなりそうですが、特定承継人に請求できるのは、共用部分の管理に関する費用に限るとする説が多数説です。区分所有者の総会により決定できる事項は、共用部分の管理に関する事項（区分所有法18条１項）および共有敷地、附属施設の管理に関する事項(同法21条による18条の準用)に限られているからです。月々集金される「狭義の管理費」、「修繕積立金」や一時金として集金される修繕負担金などは、いずれも特定承継人に対して請求できます。また、駐車場の料金、専用庭やバルコニー、倉庫等の使用料については、管理組合との賃貸借契約等に基づく対価という性質をもちますが、その実質は共有物の管理にあると考えて肯定するのが多数説です。しかし、水道、電気代等については、管理費等といっしょに徴収するものであっても、その性質は立替金返還（求償）請求権であり、共有物の管理に関する費用とはいえず含まれません。なお、義務違反者に対して訴訟を提起した場合の弁護士費用の負担等は、共有物の管理に関する費用に含まれると考えます。

⑵　賃借人に対する請求

区分所有法は、区分所有者が管理費等を滞納している場合に、滞納者の区分所有権自体および建物に備えつけた動産を差し押さえて競売し、その代金より滞納管理費等を回収することのできる先取特権を認めています（区分所有法７条)。区分所有者が、管理費等を滞納している場合は、先取特権に基づいて賃料に物上代位して賃料を差し押さえることが可能です（民法304条)。先取特権を行使する場合は裁判所に申立てをします。判決は不要です。ただし、先取特権は、抵当権より順位が劣る（民法336条）ので、抵当権者が賃料を差し押さえるとこれに負けてしまいます。

区分所有者が賃貸借契約を締結する場合に、区分所有者（賃貸人)、賃借人、管理組合の３者が契約を締結することとし、区分所有者が管理費等を滞納したときは、管理組合が賃借人に対して管理費等を請求できること、賃借人が管理組合に立替払いした管理費等は当然に賃料の支払いと相殺できるなどの定めをしておくことも有効な方法でしょう。

Q18　管理費等滞納者に対する「使用禁止請求」と「競売請求」

Q 管理費を何年も払わない区分所有者に対して、区分所有法58条の専有部分使用禁止の裁判を起こすことは可能でしょうか。また、同法59条の競売請求は可能でしょうか。

A 裁判実務は、管理費等滞納を理由とする使用禁止（区分所有法58条）を否定し、区分所有法59条の競売請求は認めています。59条には剰余主義の適用がなく、滞納管理費等回収手段として、59条の競売請求は重要な意味があります。

解説

(1)　管理費等滞納を理由とする専有部分使用禁止訴訟（区分所有法58条）の可否

大阪地裁平成13年9月5日判決（判例時報1785号59頁）は、管理費の滞納は「共同利益に反する行為」にあたるとして区分所有法58条の適用を認めましたが、控訴審の大阪高裁平成14年5月16日判決（判例タイムズ1109号253頁）はこれを否定しました。同法57条ないし60条の立法の念頭にあったのは、騒音、悪臭、不良入居者等の積極的な生活妨害行為であり、これらの行為に対して「差止め⇒相当期間の使用禁止⇒競売請求」と段階的な構造で共同の利益を守る措置が認められたものであり、管理費等の不払いといった不作為は立法段階で念頭においていなかったこと、管理費等の不払いについては同法57条の差止めを認める実益もないし、同法58条で使用禁止をしても、それにより直ちに管理費等が入ることはなく無意味だからという理由です。

(2)　管理費等の滞納と区分所有法59条の競売請求

他方で、上記の高裁判決は、管理費等の不払いを理由とする競売請求（区分所有法59条）については、競売による競落人が支払義務を承継するので（同法８条）、同法７条の先取特権の行使では効果がないときは、同法59条により競売請求を認める実益はあるとしました。また、東京高裁平成16年５月20日判決（判例タイムズ1210号170頁）は、同法59条に基づく競売には、剰余主義（住宅ローン等が競売代金から支払われた後に剰余が出ないときは競売手続が取り消されること。民事執行法63条）の適用はないことを明確にしました。

管理費等を滞納していても、住宅ローンだけは払い続ける区分所有者がいる場合、抵当権者は競売申立てをしません。管理組合が先取特権に基づき競売申立てをすると剰余主義が適用されますが、区分所有法59条の競売請求にはこれが適用されず、滞納管理費等を回収する手段としては重要な意味をもつことになります。

Q19　管理費等の消滅時効

Q 管理費・修繕積立金を長期にわたり滞納している人がいます。管理費などは何年で消滅時効となるのでしょうか。また、時効にしない対策を教えてください。

A 管理費並びに修繕積立金は、民法169条の定期金債権として５年で消滅時効が完成するというのが、判例・実務です。

解説

(1)　最高裁平成16年４月23日判決

債権は、10年で時効により消滅するのが原則です（民法167条）が、法律が特別に短期の消滅時効を定める場合があります。最高裁平成16年４月23日判決（民集58巻４号959頁）は、「管理費等の債権は、基本権たる定期金債権から派生する支分権として、民法169条所定の債権に当たる」として、マンションの管理費と大規模修繕積立金は、地代や家賃のように基本権に基づく支分権としての債権であるとして、５年の短期消滅時効にかかることを明らかにしました。批判もありますが、５年で時効にかかることを前提に、今後は滞納管理費・修繕積立金を管理することが必要となります。

⑵　時効の中断

上記のとおり、管理費等は５年間そのまま放置すると時効により消滅してしまいます。滞納が生じた場合には、速やかに滞納者に対して催促をするなどの措置をとり、長期間滞納が続くことをなるべく避けなければなりません。消滅時効の進行を止めるには、①請求、②差押え、仮差押え、仮処分、③承認が必要です（これらの事由を時効中断事由といいます。民法147条）。①の請求としては、支払督促の申立て、訴訟提起、調停申立て、破産や再生、更生手続への参加があります。単に請求書を送っただけの場合（内容証明によるときも含む）は、６カ月以内に訴訟提起その他の強力な時効中断措置をとらないと中断の効力は生じません。

滞納者自らが、管理費等の滞納を承認したときは、時効の中断が生じます。後の争いを避けるために、念書や承認書など書面にしておくことが望ましいでしょう。

所在不明のまま管理費等を滞納している区分所有者に対しては、公示送達という手続により裁判を提起します。欠席裁判により支払いを命じる判決が確定すれば、時効期間はそのときから10年間となります（民法157条２項・174条の２）。

Q20　違反者に対する弁護士費用の請求

Q　管理組合が区分所有者に対して裁判を行う場合、要した弁護士費用を相手方に負担させることはできますか。

A　マンション標準管理規約（67条３項・４項）は、区分所有者が規約に違反し、または敷地および共用部分等において不法行為を行ったときは、理事長は理事会の決議を経て訴訟を提起することができ、その場合、訴訟の相手方に弁護士費用を違約金として請求することができる旨の記述がされています。

管理費等を滞納した場合に、弁護士費用を請求できることを管理規約に定めておくことは、滞納者に支払いを促す２次的効果もあり、有用といえます。ただし、管理規約で定めていても、金額の如何にかかわらず負担させることができるというわけでもありません。裁判で弁護士費用の負担が争われたときは、違約金としておのずから相当とされる額にとどまることもあり得ます。

解説　管理規約に定めがない場合に、総会決議で滞納者に弁護士費用の支払義務を負わせる決議をしたとしても、その決議は、「特定の組合員に対して、その意に反して、一方的に、義務なき負担を課し、あるいは、他の組合員に比して不公正な負担を課すもの」であって、決議は無効とした裁判例があります（東京高裁平成７年６月14日判決（判例タイムズ895号139頁））ので注意してください。

なお、上記の判決も、不法行為に基づく損害賠償として弁護士費用を請求する余地があることを認めています。滞納者が、管理費等を支払わず、やむなく管理組合が訴訟を提起せざるを得なくなったことを不法行為と考えて、この不法行為と因果関係のある弁護士費用としては３万円が相当として、弁護士費用の支払いを命じた裁判例もあります（東京地裁平成４年３月16日判決（判例時報1453号142頁））。

いずれにしても、管理費等滞納者その他、共同の利益に反する行為を行った者に対して、必要な弁護士費用を負担させることを管理規約で明確に定めておくことは有用です。

◈執筆者紹介◈

マンション維持管理支援・専門家ネットワーク

（事務局）　株式会社象地域設計

住所：〒124-0001　東京都葛飾区小菅4-22-15

電話：03-3601-6841

FAX：03-3601-6944

<第１章>

広重　美希（消費生活専門相談員）

山野井　武（一級建築士・山野井建築設計工房）

三浦　史郎（一級建築士・㈱象地域設計）

<第２章>

祢宜　秀之（マンション管理士・㈱興和ビルメンテ取締役管理部長）

<第３章>

佐伯　和彦（一級建築士・㈱象地域設計）

千代崎一夫（マンション管理士・住まいとまちづくりコープ）

山下　千佳（福祉住環境コーディネーター・住まいとまちづくりコープ）

<第４章>

大江　京子（弁護士・東京東部法律事務所）

伊藤真樹子（弁護士・東京東部法律事務所）

Ｑ＆Ａマンションライフのツボ
――マンションの購入者・居住者から専門家・相談員まで役立つ必須知識

平成23年11月３日　第１刷発行

定価　本体　1,000円（税別）

編　者　マンション維持管理支援・専門家ネットワーク
発　行　株式会社　民事法研究会
印　刷　シナノ書籍印刷　株式会社

発行所　株式会社　民事法研究会
〒150-0013　東京都渋谷区恵比寿3-7-16
〔営業〕TEL 03（5798）7257　FAX 03（5798）7258
〔編集〕TEL 03（5798）7277　FAX 03（5798）7278
http://www.minjiho.com/　info@minjiho.com

組版／民事法研究会
落丁・乱丁はおとりかえします。ISBN978-4-89628-733-2 C2030 ￥1000E